住房市场发展阶段、波动与风险

邓郁松 / 著

科 学 出 版 社

北 京

内 容 简 介

住房问题始终是各界关注的热点问题，也是争论比较大的问题之一。近 30 年来，日本、中国香港、东南亚一些国家、美国、西班牙等经济体都曾经历过住房市场危机。住房市场危机在不同国家和地区的频繁出现表明，对住房问题的理论和政策研究都需要进一步深入。本书侧重从长周期和国际比较的视角研究住房市场的发展阶段、波动与风险的关系，对住房市场发展的阶段进行了界定，总结提出不同发展阶段的典型特征。本书还对主要住房政策工具的作用机理和住房市场的风险类型进行深入分析，提出防范风险的重点和政策选择。由于我国住房市场已进入新的发展阶段，需要准确地把握住房市场发展新阶段的市场运行规律和特征，据此客观看待当前住房市场形势，并进行相应的市场策略和相关政策调整。

本书对房地产业的从业者、政府机构和研究者具有重要的参考价值，也适合关心住房市场的普通读者。

图书在版编目（CIP）数据

住房市场发展阶段、波动与风险/邓郁松著. —北京：科学出版社，2016.9
ISBN 978-7-03-049894-6

Ⅰ. ①住… Ⅱ. ①邓… Ⅲ. ①住宅市场–研究–中国 Ⅳ. ①F299.233.5

中国版本图书馆 CIP 数据核字（2016）第 218086 号

责任编辑：徐 倩 / 责任校对：彭珍珍
责任印制：徐晓晨 / 封面设计：无极书装

科 学 出 版 社 出版
北京东黄城根北街 16 号
邮政编码：100717
http://www.sciencep.com

北京虎彩文化传播有限公司 印刷
科学出版社发行 各地新华书店经销

*

2016 年 9 月第 一 版 开本：720×1000 1/16
2018 年 6 月第三次印刷 印张：8 1/2
字数：171 000

定价：58.00 元
（如有印装质量问题，我社负责调换）

前　　言

　　2003 年以来，我国部分城市房价涨幅显著加大。随着房价的持续上涨，各界开始较多关注房地产泡沫问题，政府也出台了一系列政策来抑制房价的过快上涨。但 2003 年之后房地产价格的实际走势仍明显超出各界预期。房地产市场实际运行情况与大众（包括政府）的预期存在较大差异，这表明一些被大众广泛接受的观点和判断标准可能并没有揭示出房地产市场运行的客观规律。

　　2008 年，我开始将较多精力投入到对房地产市场的研究中。2008 年也恰好是我国城镇住房制度改革以来，房地产市场第一次出现较为明显的调整，当年全国新建商品房销售面积较 2007 年减少了 19.7%，新建商品住宅销售均价较 2007 年下降 1.9%。由于 2008 年爆发了全球金融危机，许多人认为我国房地产市场的调整是受全球金融危机的冲击。但仔细观察房地产市场的运行数据，可以发现，房地产销售面积等先行指标在 2007 年第四季度就开始放缓，2008 年前两个月销售面积出现了负增长，而 2008 年年初宏观调控的主基调是"防止经济增长由偏快转为过热、防止价格由结构性上涨转为明显通货膨胀"，并强调继续实行从紧货币政策和稳健财政政策。由于房地产销售面积等指标调整在前，而全球金融危机发生在后，用全球金融危机的冲击来解释 2008 年我国房地产市场的调整在逻辑上并不成立。

　　由于观察到主流判断与房地产市场实际运行情况长期存在较大差异，在从事房地产研究过程中，一直提醒自己将理解和理清房地产市场波动背后的逻辑和规律作为重点，尽可能不考虑个人对房价波动的喜好。将理清房地产波动背后的规律作为重点的好处是可以通过分析不同国家、不同城市房地产市场的波动情况去不断验证所发现的规律是否正确。如果通过研究得出的规律是正确的，那么这个规律一定可以很好地解释我国房地产市场的历史波动，也应该能够对房地产市场的近中期波动做出准确预测。如果能够称之为规律，那么应该能够利用这个规律去分析和预测不同国家、不同城市住房市场的波动情况。基于这种认识，笔者在对住房市场的研究中，始终把握三个重点。

　　一是重视对其他经济体，特别是对美国、日本、西欧等发达经济体住房市场发展历程的研究，通过观察发达经济体在较长周期内住房市场的波动特征来发现住房市场波动背后的逻辑和规律。很幸运的是，我们对发达经济体住房市场发展历程的研究并不是从 20 世纪 80 年代中期开始的，而是从 20 世纪 60 年代初开始的。2015 年下半年以来，我们进一步把对发达经济体住房市场发展历程的研究提前到 1945 年。当从相对较长的周期来研究发达经济体住房市场发展历程时，就可以比较清晰地观察到这些经济体住房市场发展阶段的变化。例如，发达经济体的住房市场都先后经历过住房短缺阶段、供求基本平衡阶段和市场成熟阶段，还有的经济体经历了泡沫产生和破灭的过程，也有个别经济体出现了供给过剩的问题。在不同的发展阶段，住房市场的特征存在显著差异。当对发达经济体住房市场发展历程有了全面了解后，就会很清晰地看到中国住房市场处在发展的哪个阶段，也很自然了解为什么从 2003 年开始国内就不断谈论、担忧房地产泡沫，但住房价格却总体呈持续上升态势。

二是始终尊重市场，在尊重市场的基础上去寻找、发现住房市场波动背后的规律。住房与每个人的生活密切相关，每个人对住房市场都会有自己的判断和诉求。但住房市场的运行态势不可能和每个人的分析判断都一致，事实上，自 2003 年以来，各界对住房市场形势的判断一直存在较大差异。我们在进行住房市场的分析预测时，始终坚持尊重市场。当分析、预测的结果与市场实际运行情况不一致时，首先尊重市场运行的客观性，因为住房市场的波动是各种因素综合作用的结果，不论市场运行是平稳，还是出现房价泡沫或严重的过剩情况，一定有其背后的原因和逻辑。只有尊重市场运行的结果，才可能不断完善已有分析框架，更好地总结和把握市场波动背后的规律。

三是厘清住房金融、土地、税收、住房保障等相关政策对住房市场的影响机理。住房市场是受政策影响较大的市场，住房市场的较大波动通常与住房相关政策的调整紧密相关。不同国家、不同城市在其发展过程中曾进行过各种各样的尝试去解决住房市场发展中的问题，一些尝试取得了成功，但也有很多尝试并不成功。通过对主要住房政策工具作用机理的研究，厘清了主要住房政策工具对住房市场影响的路径和效果，这不仅为客观分析、评估相关政策调整的影响奠定了基础，也为研究提出相关政策建议提供了理论支撑。

我国住房市场已从供不应求转向供求总体平衡、局部过剩的新阶段。随着住房市场发展阶段的变化，住房市场的运行特征和发展规律都开始发生重大变化，这对住房市场的研究提出了更高要求。在本书中，笔者尝试从住房市场发展阶段变化的角度分析住房市场，对不同阶段住房市场的波动特征进行归纳，分析住房市场的风险类型、成因及防范措施，也对未来住房市场的发展趋势进行预测，并提出根据住房市场发展阶段的变化及时调整住房市场发展目标和相关政策。

对住房市场的研究是一个不断学习、持续渐进的过程。2016 年上半年，笔者有机会到哈佛大学进行访问研究，与哈佛大学和麻省理工学院等高校、研究机构、企业、投资机构、政府机构从事房地产、住房政策、城市规划、建筑设计、房地产投资等方面的专家、企业家和官员进行了较为深入的交流。通过学习和交流，进一步丰富了个人对住房市场研究的理解。笔者最初对房地产市场、特别是住房市场的研究，更多的是从经济角度去分析和思考，用经济学的方法寻找住房市场波动背后的规律。当与不同领域的专家、学者、企业家和官员就住房问题进行交流后，笔者越来越认识到住房问题涉及人口变化、经济兴衰、城市发展、社会变迁、产业变化等诸多方面。就住房问题解决住房问题相对容易，通常短期成效也很明显，但如果未能同步解决与住房问题相关的、深层次的经济、社会等其他领域的问题，当前针对住房问题的解决方案很可能会成为今后住房市场出现的新问题的原因。因此，研究住房问题，需要越来越重视对住房市场发展历史的研究、对国际比较的研究和跨领域、跨学科的系统研究，需要越来越重视跨领域、跨学科的交流与合作。笔者也期待着，今后会有更多跨领域、跨学科的交流与合作。

邓郁松

2016 年 7 月 6 日

目　录

第一章 住房市场发展阶段与波动

如何看待典型经济体住房市场的波动

自 1998 年城镇住房制度改革以来，我国的住房市场快速发展，城镇居民居住条件明显改善。但在住房市场快速发展过程中，出现了一些问题，各界对住房市场的发展态势也一直存在不同的看法。由于我国住房市场发展历程短，面对住房市场发展中出现的一些情况和问题，各界经常通过与美国等典型经济体住房市场发展情况的比较来对我国的住房市场发展情况进行分析判断。因此，全面、客观、准确地分析典型经济体住房市场的发展历程，厘清住房市场波动背后的原因和规律，将有助于对我国住房市场的发展情况进行更好地分析、判断。

一、要重视从长周期的视角观察、分析典型经济体住房市场的变化

住房市场的发展是一个长期过程，观察的周期不同，得出的结论会存在很大差异。如果只观察过去 30 年典型经济体住房市场的发展情况，可以发现，日本等发达经济体在过去 30 年住房新开工量并不高，这是因为这些发达经济体早在 30 年前就已经解决了住房总量不足的问题。通过对住房价格和市场风险情况的观察，发现日本在 20 世纪 80 年代后期出现了房地产泡沫，而房地产泡沫破灭对日本经济产生了重大冲击；21 世纪初以来，美国房价涨幅加大，并造成次贷危机的爆发；中国香港也曾在 20 世纪 90 年代出现住房价格的大幅上涨和房地产泡沫的破灭。但是如果将观察的周期延长到 60 年，可以发现，美国、日本、英国、德国等典型经济体都面临过住房短缺的问题，也经历过住房新开工套数持续增加、房价涨幅较高而市场运行基本正常的阶段。

第二次世界大战后，英国、德国、日本、美国等均面临较为严重的住房短缺问题。从供给端观察，许多国家的住房在战争期间大量被毁，住房存量减少。即便是住房未受到战争破坏的国家，也大多经历了较长时期的新增住房供给不足问题。从需求端观察，第二次世界大战后大批士兵返乡，这不仅带动了住房需求的

快速增加,而且婴儿潮一代在 20 世纪 60 年代后期开始进入就业市场,成家立业,进一步推动了住房市场的发展。因此,发达经济体住房市场快速发展、住宅新开工套数持续增加的阶段基本集中在 1975 年以前。例如,原联邦德国在 1960～1974 年的 15 年每 1000 个居民住房建设量平均为 10 套,而 1991 年以来每 1000 个居民的住房建设量平均不到 4 套。从住房价格变化情况看,主要经济体住房价格涨幅最快的阶段基本也在 1980 年之前。

经过第二次世界大战后 20 多年的发展和住房的大规模建设,20 世纪 70 年代前后,主要发达经济体户均住房套数都达到了 1.0 套左右,基本解决了住房短缺问题。在经历了住房市场的快速增长阶段后,随着住房短缺问题的基本解决,发达经济体在 20 世纪 70 年代前后相继出现了住房新开工套数的峰值,此后住房新开工套数开始下降。值得关注的是,在住房短缺问题基本解决后,各国住房价格涨幅都较住房短缺时期有所回落。即便 20 世纪 80 年代后期日本出现了房地产泡沫,但房地产泡沫破灭前的地价涨幅实际上也低于日本 20 世纪 60 年代和 70 年代初的地价涨幅。美国次贷危机爆发前的房价涨幅实际上也明显低于其 20 世纪 60～70 年代的房价涨幅。显然,从较长时期观察,不能简单地以房价涨幅多少来判断住房市场风险的大小。

住房是伴随居民一生的必需品,认识、分析住房市场的波动,客观上也要求将观察的周期尽可能地延长。只有从长周期观察,厘清住房市场发展阶段的差异,才可能减少对住房市场中长期发展趋势和当前形势的误判。

二、要重视把握住房市场波动背后的规律

从较长时期观察,可以清楚地看到典型经济体在不同的发展阶段,住房市场的运行特征存在较大差异。只有厘清住房市场变化背后的规律,才可能更好地分析、判断住房市场中长期变化趋势和短期波动态势。从日本、德国等典型经济体住房市场的发展历程看,大规模的住房建设期基本出现在人口较快增长、住房总量不足的阶段,而在户均住房超过 1 套后,将会出现住房建设峰值,此后随着人口增速的放缓和住房短缺问题的解决,新建住房数量将较大规模建设期明显回落。从房价变化情况看,典型经济体在住房需求快速增长、住房大规模建设阶段的房价涨幅普遍较高,这一阶段由于住房的大规模建设客观上对经济增长的带动作用较为明显,居民收入增速也保持在较高水平。居民收入的较高增速和住房需求的

较快增长是这一阶段房价涨幅较高的最主要原因，这一阶段也是住房市场比较繁荣的时期。分析典型经济体住房市场的发展历程，可以发现，住房市场的中长期变化趋势主要受人口总量和结构变化、经济增长与居民收入变化情况的影响，一旦人口总量和结构变化变化趋势发生变化，经济增速和居民收入增速放缓，住房市场也将从快速发展阶段转向平稳发展阶段。需要注意的是，在住房市场进入平稳发展阶段后，一旦相关政策不当，极易引发房地产泡沫风险等问题，如美国、日本和中国香港地区都曾在经济增速和居民收入增速放缓后，实行了不恰当的住房金融政策，并引发了房地产泡沫问题。因此，在住房总量不足的矛盾基本解决后，需要更加重视防范风险问题，并根据住房市场发展阶段的变化对相关政策进行适应性调整。

三、要重视研究相关政策对住房市场的影响

住房市场是受政策变化影响较大的市场。金融政策、土地政策、税收政策和住房保障等政策的调整都会对住房市场产生一定影响。其中，住房金融政策和土地政策对典型经济体住房市场的短期波动影响最为显著。

在美国等典型经济体出现房地产泡沫或市场萧条等大幅波动情况时，几乎都可以找到住房金融政策方面的原因。例如，美国、日本和中国香港地区房地产泡沫的出现都与当时的低利率政策密切相关，而利率的持续升高则造成泡沫的破裂。再如，20 世纪 70 年代末期，美国为抑制通货膨胀，开始大幅度提高贷款利率，1981 年 30 年期抵押贷款固定利率最高时曾超过 18%，而 1977 年 30 年期抵押贷款固定利率最高不超过 9%。由于贷款利率大幅提高，居民的购买能力显著下降，1977 年美国新建住房销售量为 81.9 万套，1981 年下降到 43.6 万套。由于销售量大幅下降，美国新建住宅的开工量也显著减少。1977 年，美国已开工的新建私人住宅接近 200 万套，到 1981 年则只有 108 万套。

土地供给是形成住房供给量的基础和前提，也是决定住房供给趋势的主要因素，因此土地政策的调整会影响住房供给形势，进而对住房市场运行的总体态势带来较大影响。典型经济体住房市场的发展历程表明，土地供给不足或供给过量都会造成住房市场供应失衡，而供应失衡通常会诱发住房市场的大幅波动。例如，

2008~2009 年，中国香港新增住宅用地只有 0.019 公顷，从而导致其 2010 年仅有约 19 800 个住宅单位建成，不到 2000 年的 1/4，2011 年和 2012 年香港房价呈现快速上涨趋势。

目前我国城镇户均住房套数已达到 1.0 套左右，住宅投资增速已开始回落，经济也从高速增长转向中高速增长。对照典型经济体住房市场发展历程，大体可以判断目前我国的住房市场正在从快速发展阶段转向平稳发展阶段。由于发展阶段的变化，住房市场将会出现一些与快速发展阶段不同的特征。认识到住房市场发展阶段正在发生变化，将有助于更客观地看待当前住房市场出现的一些变化。

影响住房市场波动的主要因素

房地产业在各国经济中具有重要地位，房地产市场的波动通常会对宏观经济的运行带来较大影响，如美国的次贷危机、日本的房地产泡沫曾对两国经济产生较大冲击。2007 年以来，我国房地产市场也出现了大幅波动的情况，并对房地产市场的稳定运行和宏观经济的健康发展带来一定影响。深入分析美国、日本等发达国家房地产市场波动的历程，可以发现，人口总量和结构变化、金融政策，特别是利率政策调整、经济周期波动，以及房地产市场供求的非同步性，对房地产市场的周期波动具有重要影响，这些因素也是我国住房制度改革以来房地产市场波动的主要原因。

一、人口总量和结构变化决定住房市场的长期趋势

住房市场的需求归根结底来自人们的居住需求，因此，人口总量和结构的变化会直接带来住房市场需求的波动。美国、日本等发达国家住房市场发展的历史表明，人口总量和结构的重大变化无一例外会带来住房市场需求的重大变化。

例如，美国人口的一次明显增长发生在 1946~1964 年，这期间出生的人被认为属于"婴儿潮"一代。美国"婴儿潮"一代从出生、就业到退休对美国房地产市场产生了多次冲击。20 世纪 70 年代，"婴儿潮"一代到了就业年龄，美国涌现了大量刚毕业的学生。他们将对公寓的需求推向一个高潮，出租空置率

下降到9%。1970～1980年，20～39岁的人口数量增加38%（这10年间美国人口总数增加了21%），有购房（初次购房）意愿年龄段的人口增加，这可以解释20世纪70年代末美国住宅需求的上升。日本人口总量和结构的变化也对房地产市场产生重要影响。第二次世界大战结束后，日本和许多参战国家一样出现了生育高峰，总人口从1945年的7215万人猛增至1950年的8320万人。这次生育高峰对住房市场具有重要影响，20世纪70年代住房市场取得的快速发展，很大程度上应归因于"婴儿潮"一代成家立业带动的巨大需求。此后，由于日本政府采取鼓励优生优育来诱导性地控制人口增长，加之社会环境和居民生活意识的变化，除20世纪70年代前期因"婴儿潮"一代陆续进入生育期而引发一次小的生育高峰外，人口增长率总体而言呈现出逐步下降的趋势。尤其是进入20世纪90年代后，由于育龄人口生育愿望明显下降，出现了出生率持续低于1%的"少子化"现象，人口自然增长率也相应屡创新低。这在一定程度上制约了住宅需求。

二、金融政策调整对房地产市场的短期波动影响较大

购买房地产大多需要借助银行的信贷，因此，金融政策特别是利率政策变化对房地产市场的波动具有重要影响。当名义利率上升时，购房者的月供支出将增加，会抑制房地产市场的需求；当利率下降时，购房者的月供支出将减少，实际支付能力提高，将扩大对房地产市场的需求。需要指出的是，利率政策的调整对房地产市场的影响具有滞后性，这种影响通常在连续加息或持续降息后才会显现出来。以美国为例，2001年前后，美国经济因网络股泡沫破裂而陷入衰退。美国联邦储备委员会（以下简称美联储）采取了持续降息的政策以刺激经济。从2001年1月3日到2003年6月25日，美联储13次降息，使联邦基金利率（即银行间隔夜拆借利率）降至1%，这是40年来的最低点，且一直保持到2004年6月30日。利率的大幅下降大大刺激了住房消费，股票市场资金外撤也激发了对房地产的投机需求。金融支持力度较大、实际需求也增长较快使美国的房价和销售量经历了空前的上升。而从2004年6月30日到2006年6月30日，美联储连续17次加息，利率水平总计上升了4.25个百分点。利率大幅上升成为美国次贷危机爆发的直接诱因，并随之出现房地产销售量的下降和房价的下跌。2008年全球金融危机发生后，美国实行了大规模的救助计划，特

别是利率水平的大幅下降和持续的量化宽松政策再一次推高了居民的购买力，美国的房价从 2011 年开始回升，目前美国的新房平均销售价格已超过危机前的最高水平。

　　我国贷款利率的变化对房地产市场需求的影响也较为显著。住房制度改革以来，我国住房贷款利率（按五年期以上贷款利率计算）经历了下降—上升—下降—上升—下降的过程，目前正处于新一轮利率下降周期。从 1998 年以来的房地产市场变化情况看，在每一轮利率大幅变化后，房价的波动都非常显著。2004 年之后，贷款利率持续上升，2007 年 9 月 15 日，五年期以上贷款基准利率提高到 7.83%，这也是 1999 年以来的最高水平。2007 年 9 月 27 日，《中国人民银行中国银行业监督管理委员会关于加强商业性房地产信贷管理的通知》决定对二套房实行 1.1 倍基准利率的政策，1.1 倍利率与当时的优惠利率相比，相当于加息 196 个基点。利率政策的调整对房地产市场需求产生较大的抑制作用，2007 年第四季度，住宅销售面积增速开始回落，2008 年全国房地产销售面积出现了住房制度改革以来的首次负增长，2008 年全国新建商品住宅销售均价也较 2007 年下降了 0.27%，这也是住房制度改革以来唯一一次出现房价下降的情况。2008 年第四季度，为应对国际金融危机，促进房地产市场健康发展，银行利率持续降低，2008 年 12 月 23 日最后一次降息后，五年期以上贷款基准利率只有 5.94%，较 2008 年 9 月 15 日的利率水平下降了 189 个基点。从 2008 年 10 月 27 日开始，中国人民银行决定对首套房实行 0.7 倍的优惠利率，对属于改善型的二套房也比照首套房实行优惠利率。按照 2008 年 12 月 23 日调整后的五年期以上贷款基准利率 5.94% 计算，七折后的利率只有 4.158%，处于住房制度改革以来的最低水平。实际利率的大幅下降大大降低了购房者的还款压力，也扩大了购房人群。以购买住房使用 100 万元银行贷款为例，按 20 年等额本息计算，同样是 100 万元贷款，在 2008 年 9 月 15 日之前和 2008 年 12 月 23 日之后，还款利息总额的差距最高达 624 849 元，每月还款额的最高差距达 2604 元（表 1 和表 2）。如果按照银行信贷规定，每月还款额不超过其收入的 50% 计算，在贷款额度不变的情况下，还款额的降低将使从月收入 8748 元的购房人群扩大到月收入 6144 元的购房人群，即能够支付 100 万元购房款的人群将大大扩大。由于市场供给能力无法在短期内大量增加，需求人数大大增加的结果必然是显著推高房价。

表1　金融机构法定贷款利率变化情况

调整时间	金融机构法定贷款利率/%		备注
	一年	五年以上	
1998/03/25	7.92	10.35	
1998/07/01	6.93	8.01	
1998/12/07	6.39	7.56	利率下降期
1999/06/10	5.85	6.21	
2002/02/21	5.31	5.76	
2004/10/29	5.58	6.12	
2006/04/28	5.85	6.39	
2006/08/19	6.12	6.84	
2007/03/18	6.39	7.11	
2007/05/19	6.57	7.20	利率上升期
2007/07/21	6.84	7.38	2007年9月起对二套房实行1.1倍基准利率
2007/08/22	7.02	7.56	
2007/09/15	7.29	7.83	
2007/12/21	7.47	7.83	
2008/09/16	7.20	7.74	
2008/10/09	6.93	7.47	利率下降期
2008/10/30	6.66	7.20	2008年10月起，对首套房实行0.7倍基准利率，2008年12月起对改善型也实行优惠利
2008/11/27	5.58	6.12	
2008/12/23	5.31	5.94	
2010/10/20	5.56	6.14	
2010/12/26	5.81	6.40	
2011/02/09	6.06	6.60	利率上升期
2011/04/06	6.31	6.8	
2011/07/07	6.56	7.05	
2012/06/08	6.31	6.8	
2012/07/06	6.0	6.55	
2014/11/22	5.6	6.15	
2015/03/01	5.35	5.9	利率下降期
2015/05/11	5.1	5.65	
2015/06/28	4.85	5.4	
2015/08/26	4.6	5.15	
2015/10/24	4.35	4.9	

资料来源：中国人民银行

表 2　不同利率下贷款 100 万元每月还款额（按 20 年等额本息还款方式）

利率/%	7.83	6.65	8.61	5.94	4.16	6.53
执行起止时间	2007/09/15~ 2008/09/15	2007/09/15~ 2008/09/15	2007/09/15~ 2008/09/15	2008/12/23~ 2010/10/19	2008/12/23~ 2010/10/19	2008/12/23~ 2010/10/19
备注	基准利率	优惠利率	1.1 倍利率	基准利率	7 折利率	1.1 倍利率
月还款额/元	8 259	7 544	8 748	7 130	6 144	7 473
利息总额/元	982 139	810 633	1 099 515	711 137	474 666	793 617
收入要求/元	16 518	15 088	17 496	14 260	12 288	14 946

三、经济的周期变化对住房市场的周期波动具有重要影响

购房人的收入状况是决定其购买能力的最主要因素。购房人的收入增长较快时，其购买力将提高。经济增长状况是决定收入增长情况的最重要因素，因此，经济周期变化会对收入产生较大影响，并进而影响到住房市场的波动。当经济处于繁荣期时，由于失业率低，居民收入状况较好，对住房市场的需求通常会增加。而在经济处于衰退期时，由于失业率提高，收入下降，对住房市场的需求一般会下降。例如，第一次石油危机对发达国家的经济造成了严重的冲击。美国的工业生产下降了 14%，国内生产总值（gross domestic product，GDP）下降了 4.7%，人均实际可支配收入出现负增长，1975 年美国失业率已经达到 8.5%。个人住房需求迅速降温，房价增长停止，销售量在 1974 年出现了大幅下滑，回到了 20 世纪 60 年代的水平。

从我国情况看（图 1），1998 年以来，我国经济总体保持持续较快增长，虽然经济增速有所波动，但仍然属于增长中的波动，从未出现增速显著回落、甚至负增长的情况。受经济持续较快增长带动，城镇居民人均收入水平不断提高，2015 年全国城镇居民人均可支配收入为 31 195 元，是 1998 年的 3.49 倍，是 2007 年的 1.77 倍。从同期全国新建商品住宅价格变化情况看，2015 年全国新建商品住宅销售均价为 6472 元/平方米，是 1998 年的 5.75 倍，是 2007 年的 2.26 倍。总体看，城镇居民人均收入增速高于城镇新建商品住宅销售均价涨幅。

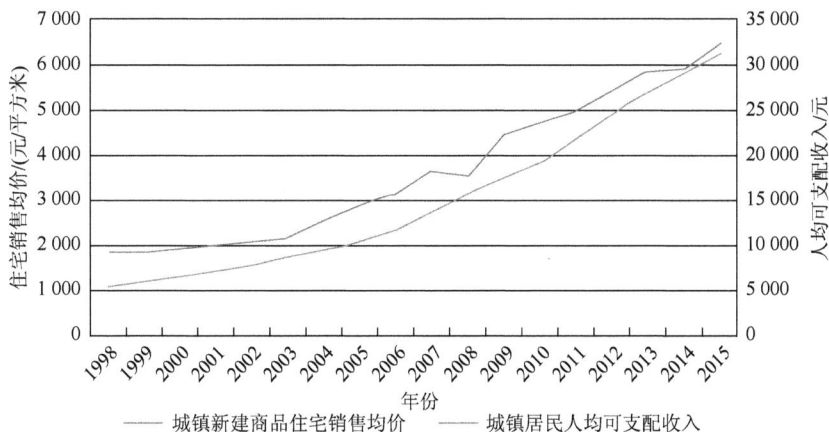

图1　2000～2015年城镇居民人均可支配收入与城镇新建商品住宅销售均价

资料来源：WIND

四、住房市场供求的非同步性会加剧短期市场波动

住房市场的波动、特别是大幅波动还与供给和需求的非同步性有关。受生产周期影响，住房市场的供应能力并不能在需求最旺的时候大量增加，在需求最旺而新增供给量相对有限时，住房市场将会出现短期的供不应求，这将会造成房价的进一步上涨。而房价上涨通常会刺激供应能力的增加，但一旦房价偏离正常的支付水平，住房市场的需求将会下降，房价和需求走势将发生新的变化，而这可能恰逢住房供给的高峰期，因此就可能出现短期内的供过于求。从各国房地产市场的发展情况看，房价的大幅波动通常出现在供求高度不均衡时期，短期内的供不应求会造成房价的进一步上涨，而严重的供过于求将加大价格下行压力。

需要指出的是，上述因素都会对住房市场的波动产生重要影响，但人口总量和结构变化更多影响的是长期趋势，金融政策和经济周期变化则对住房市场中短期波动影响更为显著，而供求的非同步性通常会加剧市场的波动性。同时，在任一时点上，住房市场的波动均是多种因素共同作用的结果，不同影响因素对房地产市场的影响可能是同向的，也可能是反向的，综合作用的结果既可能会造成住房市场的较大波动，也可能会出现住房市场运行比较平稳的状况。同时，需要关注的是，政策调控通常发生在住房市场出现异常波动时，评估调控政策能否取得预期效果需要考虑两方面因素：一是调控政策是否准确把握了住房市场出现异常波动的原因，政策是否对症下药；二是调控政策对市场影响的滞后期有多长，在多长时间内判断政策是否有效比较合适。因此,从住房市场宏观调控的角度出发,必须准确把握特定时期内住房市场波动的主要原因,并预估可能的政策调整对市场的影响,在此基础上再出台具体的调控政策,以实现房地产市场的持续稳定运行。

人口变化与住房市场

住房市场的需求归根结底来自人们的居住需求,因此,厘清人口总量和结构变化与住房市场波动的关系,有利于更好地把握住房市场的中长期趋势,并根据住房市场和人口变化情况适时完善相关政策。

一、人口总量和结构变化趋势决定了住房市场的中长期变动趋势

美国、日本等典型经济体住房市场发展历史表明,人口总量和结构的变化对住房需求的影响最为显著。在人口快速增长期,将会带动住房市场需求的增加,进而带动房地产业、建筑业等相关行业的发展,国民经济总体也处于较快的增长期。随着新建住房开工量的持续较快增长,居民住房条件会明显改善,户均住房套数也明显提高,在现有人群的居住需求基本被满足后,新建住房的需求将主要来自住房的更新改造和新增人口情况,住房建设的趋势也将因此发生变化。

例如,在过去的半个多世纪里,日本人口总量和结构的变化基本可以解释日本住房市场的波动趋势。第二次世界大战结束后,日本和许多参战国家一样出现了生育高峰,年出生率一直稳定在 3%以上,总人口也从 1945 年的 7215 万人猛增至 1950 年的 8320 万人。这次生育高峰对住房市场具有重要影响,20 世纪 50～70 年代前期日本住房建设投资的较快增长在很大程度上应归因于"婴儿潮"一代成家立业带动的巨大需求。这一时期住房投资的持续较快增长使日本的住房紧缺状况得到大大缓解,1968 年全国住房套数与家庭户数实现基本持平,但存在地区差距;1973 年日本各县的住房套数开始超过家庭数。面对第二次世界大战后人口的快速增长,日本政府采取了一系列鼓励优生优育的措施来诱导性的控制人口增长,加之社会环境和居民生活意识的变化,除 20 世纪 70 年代前期因"婴儿潮"一代陆续进入生育期而引发一次小的生育高峰外,人口增长率总体而言呈现出逐步下降的趋势。尤其是 20 世纪 90 年代后,由于育龄人口生育愿望明显下降,出现了出生率持续低于 1%的"少子化"现象,人口自然增长率也相应屡创新低。由于日

本在 20 世纪 70 年代中期解决了住房短缺问题，日本住房建设也随住房短缺问题的解决在 1973 年出现峰值，此后人口增长率的逐步下降直至人口总规模基本稳定意味着新增住房需求明显回落，这也是 20 世纪 70 年代中期后日本住房新开工量下降的根源所在。

同日本类似，美国人口的一次明显增长发生在 1946～1964 年，在这期间出生的人被认为属于"婴儿潮"一代。美国"婴儿潮"一代从出生、就业到退休对美国房地产市场产生了多次冲击。20 世纪 70 年代，"婴儿潮"一代到了就业年龄，美国涌现了大量刚毕业的学生。他们将对公寓的需求推向一个高潮，出租空置率下降到 9%。1971～1973 年，美国已开工的新建私人住宅均超过 200 万套/年。1970～1980 年，20～39 岁的人口数量增加了 38%（这 10 年间美国人口总数增加了 21%），有购房（初次购房）意愿年龄段的人口增加，可以解释 20 世纪 70 年代末美国住宅需求的上升。

二、高度关注我国人口变化趋势对住房市场的影响

1998 年城镇住房制度改革以来，我国城镇人口的快速增长和人口结构的变化给我国住房市场带来了重大影响。1998 年，我国城镇人口总量为 41 608 万人；2013 年，我国城镇人口达到 73 111 万人，比 1998 年增加了 31 503 万人，平均每年增加 2100 万人。1998～2013 年，我国城镇人口增加数量与目前美国全国人口的数量基本相当。在城镇人口快速增加的过程中，家庭小型化的趋势十分明显，城镇户均人口数量由 1998 年的 3.2 人减少到 2012 年的 2.9 人。城镇人口数量的大幅增长和户均人口数量的减少意味着住房需求的持续较快增长，加之 1998～2013 年也是我国经济和居民收入持续快速增长时期，这是这一时期我国住房市场快速发展的最主要原因。正是由于住房市场的快速发展，我国才能够在城镇人口总量快速增加的情况下，实现居民居住水平的明显提高。2012 年，我国城镇居民人均住房面积达到 32.91 平方米，比 1998 年提高了 14.25 平方米。根据国务院发展研究中心市场经济研究所课题组测算，2013 年我国城镇户均住房已达到 1.0 套左右，城镇住房总量不足的矛盾已基本解决，但仍面临区域住房市场发展不平衡，住房成套率和住房质量有待进一步提升等问题。

虽然从国际经验看，我国人口的城镇化率仍有较大提升空间，但由于目前城镇存量人口住房总量不足的问题已得到基本解决，人均住房面积也得到较大提升，

这意味着未来城镇住房需求将呈现与以往不同的特征，住房的增量需求将主要来自现有存量房（如棚户区、老旧小区的拆迁改造等）的更新改造、城镇新增人口和家庭小型化三个方面。2010 年以来，我国住宅新开工面积较此前大幅增长，2010~2013 年住宅年均新开工面积达到 13.8 亿平方米，年均住宅新开工面积是 2006 年的 2.14 倍。从 2014 年开始，前期大规模开工建设的住宅将相继进入竣工期，这一过程将持续 5 年左右的时间。住房竣工量的明显增加将进一步增加存量住宅数量，加之我国大力推行计划生育和优生优育等政策，人口增长态势已明显放缓，考虑到目前住房需求状况的变化，借鉴日本等发达经济体住房市场发展与人口变动之间的规律，可以判断我国住房建设的峰值已到，未来住房建设投资增速将进入正常的回落阶段。

三、根据人口变动情况适时完善相关住房政策

在城镇住房总量不足的矛盾基本解决后，我国住房市场的发展将进入新的阶段。需要根据新阶段住房需求特点、人口结构变化特征和人口流向的新特点，适时完善相关政策，更好地满足居民的居住需求。一是要更加重视提高住房质量和改善人居环境。在城镇住房总量不足的矛盾基本解决后，需要将住房政策重点转向提高住房质量和改善人居环境，提高住房成套率，并在住房建设和改造中更加重视从节能和可持续发展的目标出发不断提高住房的功能要求。二是要更加重视完善有利于居民持续换购住房的政策。居民改善住房是一个持续过程，随着居民年龄、工作、家庭和收入等情况的变化，居民将会经历多次换购住房的过程，以不断改善居住条件。国际经验表明，购房年龄人口主要集中在 20~64 岁，其中20~34 岁以首次置业为主，35~64 岁主要是改善型需求。从我国人口结构看，处于首次置业阶段的年龄人口大约占全部购房年龄段人口的 1/3，而处于改善型需求年龄段的人口大约占全部购房年龄段人口的 2/3，因此在住房总量不足的矛盾基本解决后，在住房政策方面，需要更加重视完善有利于居民持续换购住房的政策，不断提高居民的居住水平。三是住房政策中要更加重视适应人口老龄化的趋势。截至 2014 年年底，我国 60 岁以上老年人口已经达到 2.12 亿人，占总人口的 15.5%。随着老年人口数量的较快增长，在住房政策中要更加重视老年人的住房问题，适应人口老龄化的趋势。四是要重视人口流动新趋势对住房市场的影响。1998 年以来，我国城镇住房市场快速发展的背后与人口的流动密切相关，特别是东部发达

地区人口流入较多，住房市场发展也更快一些。但需要关注的是，近年来随着产业向中西部地区转移和中西部地区自身吸纳劳动力能力的提高，近年来中西部地区一些传统的劳动力输出大省人口初现回流迹象，需要密切关注人口流动新趋势对住房市场的影响。

第二章　住房政策工具作用机理与政策选择

不同政策工具对住房市场的影响
——典型经济体的做法及启示[①]

住房市场是受政策影响较大的市场。金融政策、税收政策和土地政策等主要住房政策工具的调整及不同的政策工具组合，都会对住房市场产生重要影响。美国、日本、德国和中国香港等典型经济体住房市场发展历程表明，住房金融政策基本稳定是市场平稳运行的关键，住房金融政策的大幅波动会造成住房市场的大幅波动；土地政策对住房供给有较大影响，土地供给不足会推高房价；税收政策在抑制房价上涨、防范风险方面的作用不显著；住房市场发展的阶段性对住房市场运行特征有较大影响。

一、住房市场平稳发展阶段的住房政策特征

从日本、中国香港、德国和美国这四个经济体的住房市场发展历程看，都曾经经历过住房市场运行比较平稳的阶段。在市场运行平稳阶段，在金融等政策方面有一些共同特征（表1）。

表1　住房市场基本平稳波动阶段的各经济体政策特征

经济体	年份	金融政策	土地政策	税收政策	住房供需状况	居民收入涨幅
德国	1981~2011	实际利率水平维持在8%左右，变动幅度不大	无明显变化	无变化	户均套数接近1套	2.8%
美国	1991~2000	联邦基准利率小幅波动状态，抵押贷款利率保持在7.0%~8.1%	无明显变化	无变化	户均套数基本稳定在1.12套	4.3%

（1）住房金融政策保持基本稳定是住房市场保持基本平稳的最重要条件。例如，德国在1981~2011年的房价平均涨幅是1.5%左右，这30年间实际利率水平

---

① 本文作者：邓郁松、邵挺，原文曾于2013年6月26日在《中国经济时报》发表，发表时的题目为《不同政策工具组合对住房市场的影响及效应分析——典型经济体的做法及启示》。

基本维持在 8.5%左右。美国在 1991~2000 年的 10 年间，房价平均涨幅为 3%左右（最高点只有 5.6%），抵押贷款利率始终在 7.0%~8.1%的区间小幅波动。

（2）房地产税收政策在稳定住房市场方面的作用不显著。美国无论在住房市场基本稳定还是房价过快上涨甚至出现泡沫的阶段，税收政策都没有出现变化（表1）。德国住房税收体系是20世纪六七十年代就已建立的，而德国房价在1967~1972 年、1978~1980 年及 2012 年都曾发生过房价较快上涨的现象，几个时期年均涨幅分别是 9.96%、8.92%和 9.1%，而 1981~2011 年德国住房市场进入平稳阶段。无论是房价涨幅较高的阶段，还是房价较为平稳的时期，德国的整个税收体系基本没有发生明显变化。由于美国和德国的税收政策都比较稳定，但住房市场均经历过房价涨幅较高的阶段，这表明税收政策在实现住房市场平稳运行方面作用并不显著。

（3）从发展阶段观察，在住房市场基本平稳、房价波动不大的阶段，各国住房都基本实现了供需平衡（即户均住房套数都接近或超过 1 套/户），居民收入增速都不高。例如，美国、德国在住房市场平稳发展阶段的居民收入平均年增幅均都低于 5%。这表明，住房市场发展的阶段性及住房供求关系对住房市场的运行具有较大影响。

二、住房政策工具的调整与房地产泡沫的产生和破灭

日本、中国香港和美国这三个经济体都曾出现过房地产泡沫并深受泡沫破灭的冲击。分析这三个经济体在泡沫产生和破灭阶段的政策特征，可以发现许多共同之处。

（1）不恰当的住房金融政策是房地产泡沫产生和破灭的主要原因。从美国、日本和中国香港住房市场变化和政策变化情况观察，较长时间维持低利率是房价大幅上涨并产生房地产泡沫的主要原因。而在房价大幅上涨、泡沫较多积累后，又持续、较快地提高利率则是房地产泡沫破灭的直接原因。以日本为例，从 1986 年年初至 1987 年 2 月，贴现利率从 5%降到 2.5%，并一直维持到 1989 年 5 月 31 日，这在很大程度上导致这一阶段房价的快速上涨和泡沫快速积累。1989 年 5 月底，日本央行选择提高官方贴现率，并在之后一年多的时间内（1989 年 5 月 31 日至 1990 年 8 月 30 日）将贴现利率从 2.5%迅速提高到 6%，结果刺破房地产泡沫，导致包括土地在内的各种资产价格大幅下跌。从美国的情况看，2001 年前后，

美国经济因网络股泡沫破裂而陷入衰退，美联储采取了持续降息的金融政策以刺激经济。从2001年1月3日到2003年6月25日，美联储13次降息，使联邦基金利率（即银行间隔夜拆借利率）降至1%，为40年来最低点，且一直保持到2004年6月30日。利率的大幅下降大大刺激了住房消费。由于金融支持力度较大，低利率、低首付等政策造成购房人支付能力短期内大幅提高，从而使美国住房交易量和房价出现空前的上升，泡沫快速积累。而从2004年6月30日到2006年6月30日的两年内，美联储又连续17次加息，利率水平总计上升了4.25个百分点。利率大幅上调成为美国次贷危机爆发的直接诱因，并随之出现房地产销售量的骤然下降和房价的大幅下跌，由此引发了全球金融危机。虽然各经济体金融政策的调整主要根据整个经济形势的变化确定，但金融政策的调整客观上对房地产市场的影响最为显著。

（2）不恰当的土地供应政策推高了住房价格，引发市场波动。中国香港、日本住房市场波动历程表明，土地供应不足是房价过快上涨的重要原因。以中国香港为例，从1985年开始，其政府出台了"每年供地规模不超过50公顷"的政策规定，这是1985～1994年香港房价较快上涨的重要原因之一。2004～2011年的住房价格大幅上涨，也与当时出台"2002年宣布取消拍卖土地，暂停'勾地'一年，直至2004年5月再作土地拍卖"的政策规定密切相关。两年停止供地计划必然加剧了未来住房供给的短缺。2011年和2012年香港的房价快速上涨，与前期土地供应量不足也有密切关系。2008～2009年，新增住宅用地只有0.019公顷。2010年中国香港仅有约19 800个住宅单位建成，不到2000年的1/4。从日本的情况看，在房价、地价上涨过快的阶段，也出现过土地供应不足的问题。

（3）税收政策短期会对市场产生一定影响，但在防范长期的房地产泡沫等方面作用不明显。美国早在1792年就开始征收房产税；日本、中国香港的房地产税收体系也相对健全，然而，这些经济体都经历过房地产泡沫，这就表明税收政策难以起到有效调控住房市场的作用。从中国香港的情况看，2004年以来香港房价出现快速上涨趋势。为抑制市场投机行为，从2010年11月开始，香港政府实施了针对投机投资性的额外印花税。若买家在6个月内转售，将征收15%的税率；6个月至1年内转售，征收税率是10%；1～3年内转售，税率是5%。但从效果上看，高额税率没有起到抑制房价过快上涨的作用。2012年1～10月，香港中小型住宅价格升幅高达21%，大型住宅价格上升11%。因此，从2012年10月26日起，香港政府又进一步推出二项房地产税收政策：第一，施行全新的买家印花税，即所有外地人士、本地及外地注册的公司购买香港住宅时需缴付 15% 的买家印花税。第二，提高额外印花税的税阶，将试用期延长至 3 年。若买家在 6 个月内转售，额外印花税率增加到 20%；6 个月至 1 年内转售，税率增至 15%；1～3 年内转售的税率提高到 10%。但是这些仍然没有起到抑制房价继续上涨的势头，2012年全年香港房价涨幅还是高达 20%。

虽然税收政策的出台体现了监管部门的政策取向，在短期内会对市场产生一定影响，但长期看仍难以起到有效抑制房价过快上涨或防范泡沫风险的作用。例如，2004 年以来，韩国住房价格不断走高，出现泡沫积累迹象。为了抑制住房价格的过快上涨。2005 年 8 月，韩国政府颁布了《不动产综合对策》，包括征收综合不动产税①，2005 年韩国房地产市场出现了明显降温（涨幅为−4.2%），但到 2006年，韩国房价涨幅又达到 11.6%。这从一定程度上表明，税收政策对住房市场短期会产生影响，但影响难以持续。

（4）从发展阶段看，日本、美国和中国香港在房价大涨并出现房地产泡沫时居民收入增速均保持在较低水平。例如，日本在 1986～1990 年的居民收入年均涨幅只有 6.41%，在泡沫破灭时的 1991 年收入涨幅是 6.20%，与 1960～1980 年的居民收入年均上涨 9.6% 相比，居民收入增幅已经回落到较低水平（表 2）。泡沫阶段的房价上涨主要是降低利率引致的支付能力提高，而不是主要因为收入增长带来的支付能力提高造成的。由于房价上涨缺乏收入增长的支撑，一旦利率提高必然造成支付能力下降和房地产泡沫的破灭。

表 2　房地产市场泡沫产生与破灭时的各经济体政策特征

经济体	年份	金融政策	土地政策	税收政策	住房供需状况	居民收入涨幅/%
日本	1986～1990 年（年均上涨 50%）	1986 年年初至 1987年 2 月，贴现利率从5% 降到 2.5%，一直维持到 1989 年 5 月31 日	1987 年，引入土地交易监测体系，覆盖整个东京和其他县县。1987 年 8 月成立特别委员会，监测地价。土地供应量逐步缩小，1989 年减少到 10 300 公顷	1987 年，对短时间内通过土地交易获取的收益征收资本利得税	户均住房套数超过 1	6.41

---

① 出售第二套以上房产的卖主需交纳 30% 的资本收益税，对超过 6 亿韩元标准市价的高价公寓所有者和 1户多住宅所有者、不在地主等对象征收巨额所有税和转让所得税。自 2007 年起，这一税率提高到 60%。在开征综合不动产税的同时，还把住房交易税率从 4% 下调到 2%。

续表

经济体	年份	金融政策	土地政策	税收政策	住房供需状况	居民收入涨幅/%
日本	1991年（泡沫破灭）	1989年5月31日至1990年8月30日，将贴现利率从2.5%连续提高到6%。1990年，大藏省要求房地产行业贷款增速不能高出全部信贷增速	无明显变化	无变化	户均住房套数超过1	6.20
中国香港	1985～1994年（年均上涨23.53%）	1983年实行联系汇率制度；1989年6月至1994年3月，美国多次减息，香港负利率开始出现并愈趋严重	1985～1994年，中英公报规定"每年卖地不超过50顷"	1991年8月，香港政府规定临时订金为楼价的5%。12月，向买卖楼花者征收楼价2.75%的印花税	户均套数为0.6套左右	7.12
	1995年第四季度至1997年7月（年均上涨24.41%）	银行利率尤其是楼宇按揭利率大幅下调	无明显变化	无变化	户均套数不足1套	6.83
	2004～2012年（年均上涨15.4%）	2004～2009年，按揭贷款利率一直处在下降区间，2009年以来一直维持在0.3%的超低水平	2002年11月宣布取消拍卖土地，暂停"勾地"一年直至2004年5月再作土地拍卖。2004年起，推行勾地政策（维持高地价）	2010年11月实施了针对投机投资性的额外印花税。从2012年10月26日起，香港政府施行15%的买家印花税，并随交易时间长短实行累进征税	户均套数接近1套（2011年）	4.18
美国	2006～2007年（泡沫破灭）	2006年6月，连续17次提高联邦基准利率至5.25%	无明显变化	无变化	无变化	3.86
	2001～2005年（年均上涨8.7%）	2001年1月至2004年6月，连续13次调低联邦基准利率。实际利率在2002年末由正转负	无明显变化	无变化	无变化	3.93
	1977～1982年（年均下跌7.1%）	1976～1982年，住房抵押贷款利率上涨幅度高达87.5%，达到阶段性最高点16.63%	无明显变化	1981年税法，降低了个人所得税的税前收入，并通过了复兴经济税改法案，增加了房地产持有者的免税力度	户均套数稳定在1.12套左右	9.06

三、房价涨幅相对较高但市场运行基本正常阶段的政策特征

从四个经济体住房市场发展历程观察，都曾出现过房价涨幅相对较高但市场

运行相对正常的阶段。在这个阶段，房价涨幅虽然较高，但并未出现房地产泡沫问题，分析其原因，主要在三个方面。

（1）收入较快增长带来支付能力提高，而房价涨幅与收入涨幅基本相当。1960～1975年，日本土地价格年均增幅分别为12%，居民可支配净收入和名义人均GDP年均增幅分别为15.75%和15%。这一期间，住房金融政策、税收政策都没有太大变化，土地供应量逐年在增加，表明这段时期的地价较快上涨主要与收入水平较快提高有关。德国被称为房价水平最稳定的国家，但第二次世界大战后也出现过若干个房价较快上涨的阶段。1967～1972年，德国房价年均涨幅是9.96%（1968年出现13.68%的历史最高点），同期的居民可支配收入年均涨幅为10.3%。1978～1980年的房价年均涨幅是8.92%，同期的居民可支配收入年均涨幅是8.4%，二者增幅基本相当。

（2）市场需求总体仍处于较快增长期。从人口角度观察，成年人人口数量保持较快增长，住房需求持续增加。1967～1972年，德国15～64岁的总人口年均增长2.1%，在德国历史上看是增长比较快的阶段。1960～1975年，日本15～64岁的人口占比从64.12%上升到68.89%，加上期间的总人口数量也保持较快增长态势，成年人口数量也从1960年的6742万人增加到7587万人。由于人口持续增加，收入较快增长，必然带动市场需求的较快增长，房价涨幅也会相对较高。

（3）金融政策总体较为稳定。1960～1975年，日本的贷款利率始终保持在7.02%～8.21%。德国在1967～1972年的实际利率水平只在7.56%～8.17%小幅波动。1978年德国实际利率水平达到历史最低的3.65%，1980年上升到3.76%，在1978～1980年的波动也不大（表3）。由于金融政策较为稳定，房价较快增长主要是由收入较快增长带动，这也是房价涨幅较高，但市场运行仍比较正常的根本原因。

表3　房价涨幅相对较高但市场运行基本正常的各经济体政策特征

经济体	年份	金融政策	土地政策	税收政策	住房供需状况	居民收入涨幅/%
日本	1960～1975年（地价年均上涨12%）	贷款利率稳定在7.02%～8.21%	1960～1972年日本住宅用地供应量稳步上升，1972年达到24 000公顷的历史最高点	开征物业税，税率是1.4%，但有效税率偏低	户均套数1968年前低于1套/户，1968年后超过1套/户	15.75

续表

经济体	年份	金融政策	土地政策	税收政策	住房供需状况	居民收入涨幅/%
德国	1967~1972年（年均上涨9.96%）	实际利率水平在7.56%~8.17%波动	土地供给量有所增加，年增幅不大（3%左右）	住房持有税的最终税在0.98%~2.84%。住房交易税率为交易价格的3.5%,3.5%印花税资产所得税（14%~42%）	户均套数不足1套	10.3
	1978~1980年（年均上涨8.92%）	1978年实际利率水平达到历史最低的3.65%,1980年上升到3.76%	无明显变化	无变化	户均套数不足1套	8.40

四、几点启示

回顾典型经济体住房市场发展历程和不同发展阶段的主要政策工具的特点，有四点重要启示。

（1）利率政策的变化是影响住房市场短期波动的最重要因素。美国、日本等典型经济体的住房市场发展历程表明，在利率政策比较稳定的阶段，房地产市场运行总体较为正常，而住房金融政策一旦出现大幅调整，一定会对住房市场运行产生较大冲击。美国、日本等经济体房地产泡沫的产生和破灭都与利率政策的持续大幅调整有关。利率政策是政府宏观调控的重要政策工具，利率政策的调整一般都是基于宏观形势的变化做出的，但利率政策的变化对住房市场具有重要影响，因此，要实现住房市场平稳运行，在基于宏观经济运行的需要对利率政策进行调整时，应出台相应的住房金融政策，来对冲利率政策调整对住房市场的直接影响。

（2）土地政策对住房供给有较大影响，因而对住房市场的波动也具有较大影响。住房市场平稳运行的关键都是住房的供求基本平衡，而土地供给变化对住房供给能力具有重要影响。日本、中国香港在房价大幅上涨阶段都曾出现土地供应不足的问题。日本、中国香港在土地政策方面的教训表明，要重视土地政策对住房供给的影响，在市场供不应求、房价涨幅较高的阶段，应采取增加土地供应的政策。从典型经济体住房市场发展历程观察，土地政策的调整对市场的影响具有一定滞后性，要实现市场供求总体平衡，调整土地政策宜针对人口总量和结构变化等指标及时调整土地供应情况。

（3）税收政策对稳定住房市场运行的作用不显著，但应重视其在提供稳定税源等方面的作用。日本、美国等典型经济体房地产税收政策体系都比较完善，但均未解决市场的大幅波动问题。房地产市场的波动主要受人口、收入、土地、金融政策等因素变化影响，因此要实现市场平稳运行，需要从引起市场波动的主要因素着手，不宜将税收政策作为稳定市场的主要政策工具。从国际经验看，跟美国、德国等欧美经济体相比，韩国、中国香港等亚洲经济体更多依靠房地产税收政策来调控住房市场。其中一个原因可能是欧美政府的房产税属于地方政府最重要的税种，如需改变要经过复杂的民主程序和政党讨论。

需要指出的是，虽然税收政策在稳定住房市场运行方面的作用不显著，但应关注税收政策在其他方面的作用，如大多数国家将房产税作为地方财政的重要来源①，在税收体系中具有重要作用。同时，不同的房产税政策设计对住房市场也会带来不同的影响，如德国住房交易环节税负较高，这可能是德国住房自有率较低而租房市场比较活跃的重要原因之一。

（4）住房市场具有非常明显的阶段性特征。从典型经济体住房市场发展阶段看，既有房价涨幅较低、市场运行平稳的阶段，也有房价涨幅相对较高、但市场运行仍比较正常的阶段，还存在房价大幅上涨、出现房地产泡沫和房地产泡沫破裂的阶段。显然，观察住房市场的变化，要重视房价指标，但不能简单地将房价涨幅较高视为房地产泡沫。典型经济体住房市场发展历程表明，如果在收入和住房需求都较快增长阶段，房价涨幅也会较高，但只要房价涨幅不高于收入涨幅，住房市场运行仍会相对比较正常。因此，分析我国的住房市场运行情况，不仅要观察各主要政策工具对住房市场的影响，还应重视我国住房市场所处发展阶段对住房市场的影响，防止误判住房市场形势。

如何借鉴国外的住房政策

房地产问题既是经济发展问题，也是重要的民生问题，各国对此都非常重视，并出台了许多相关政策。但也要看到，美国、日本等典型经济体都曾出现过房地

---

① 例如，美国2007年房产税收入总额为3769.5亿美元，占地方财政收入和税收收入的比重分别为44.9%和71.7%，且长期保持该比例水平。

产泡沫，房地产泡沫的破裂也都对这些经济体带来较大冲击。中国香港和新加坡在住房保障方面非常有特色，但到目前为止，中国香港和新加坡都没有解决好商品房的高房价问题，房地产市场的大幅波动问题也比较突出。因此，对典型经济体住房市场发展情况和相关政策进行全面分析、评估，将有助于更好地认识住房相关政策对市场的影响，准确评估相关政策的效果。

一、重视研究典型经济体主要住房政策出台的背景、目标和演变历程

从典型经济体住房相关政策的变化历程看，住房政策具有鲜明的阶段性特征，在不同发展阶段，住房政策的目标也存在一定差异。总体来看，典型经济体在住房市场发展初期住房政策目标主要是解决总量不足的问题，而在住房供求矛盾基本缓解后，则更加重视住房的质量和功能提升问题。例如，第二次世界大战后，美国、日本、英国等典型经济体都出现了较为严重的城市住房短缺问题，为解决住房不足问题，这些经济体都经历过大规模的公共住房建设阶段。以英国为例，1945 年 7 月上台的工党政府将提高公共住房的建造量及出租作为政策目标，1945~1951 年地方政府投资兴建的住房占新增住房总量的 80%。政府大量投资兴建住宅大大缓解了住房矛盾，但也造成公共支出大幅上升，加重了财政负担。20世纪 70 年代后，随着英国住房供需状况趋于平衡，为解决政府经济负担重等问题，政府开始从对公共住房计划的投资转向以住房补助和对自有住房的支持为主，推动居民买房。20 世纪 70 年代后半期，日本、德国等典型经济体在经过第二次世界大战后大规模的住房建设后，也基本实现了住房的供需平衡，政策重点也都从增加住房数量转向提高住房质量，在政策和相关法律、规范中日益重视提升住房的能源与资源消耗、环境质量、功能性、健康和舒适等方面的标准要求。

二、注重厘清主要政策工具的作用机理

住房市场受政策影响较大，政府也经常通过对金融政策、土地政策、税收政策和住房保障政策等的调整来影响住房市场。因此，厘清主要政策工具的作用机理，有助于更好地认识相关政策对住房市场影响的机制，也有利于更好地借鉴和运用相关政策工具。

金融政策既是各个国家进行宏观调控的主要工具之一，也是对房地产市场短

期波动影响最为显著的政策。住房的开发和购买都高度依赖银行信贷的支持，而金融政策的调整通常会影响到市场的流动性和利率水平，也就必然会对市场的需求和供给都产生较大影响。美国、日本等典型经济体住房市场波动历程表明，在每一次住房市场大的波动出现之前，都发现金融政策已经先行调整。例如，流动性的宽松、利率的下降会提高购房人的住房支付能力并推高房价，美国次贷危机和日本房地产泡沫的出现都与当时极度宽松的金融政策密切相关。而流动性的收紧、利率的提高则会抑制住房的消费，典型经济体在每一次住房市场调整之前，基本都可以发现金融政策已先行收紧。因此，要实现住房市场的稳定运行，必须要重视金融政策变化对住房市场需求和供给的影响。

土地供应量的多少是形成住房市场供应量的基础，对市场的供求平衡和平稳运行具有重要影响。如果出现短期内土地供应过多（或过少），极易造成住房供给过剩带来的供求失衡（或供应不足造成的房价过快上涨），因此，保障市场供求平衡，要特别重视土地供给对住房供需平衡的"预调节"作用。

美国、英国等典型经济体普遍征收房产税。需要指出的是，这些经济体征收房产税的主要目的是为地方筹集税源，而并不是将其作为房地产调控的政策工具。从国际经验看，房产税既未起到稳定市场运行的作用，也无法防范房地产泡沫的产生和破灭。美国各州从 19 世纪中期开始就普遍征收房产税，但房产税的征收并没有改变美国房地产价格的波动，也没有避免次贷危机的爆发。1977～1979 年，美国连续 12 个季度房屋价格同比涨幅超过 10%，2000～2006 年美国房价再次出现明显上涨，而 2007 年美国则出现了次贷危机，2008 年和 2009 年连续两年房价大幅下降。英国政府从 1993 年 8 月 1 日开始执行新的住房财产税，由英格兰、苏格兰、威尔士地方政府负责征收。从 1993 年至今，英国的房价仍然出现大幅上涨。中国香港的税收体系中与不动产直接相关的税种有房地产税、差饷税、遗产税、利得税和印花税等，虽然其不动产税制完备，但既没有解决香港的高房价问题，也没有解决香港房地产市场的暴涨暴跌问题。因此，借鉴典型经济体的房产税政策，宜将重点放在完善税制、筹集财政收入等方面，而不宜将其作为房地产调控的主要政策选择。

美国等典型经济体都非常重视住房保障问题，但在住房保障的方式选择上存在较大差异。从各国的经验来看，在房屋总量比较缺乏的情况下，许多国家会通过短期内大规模新建等方式增加保障型住房的供应规模，但随着住房供应总量的增加和供求关系的变化，实物建设方式将逐步削弱，住房补贴将成为住房保障的主要形式。从不同保障方式对住房市场的影响看，如果实行实物保障为主、保障房与商品房均封闭运行的话，商品房由于供给不足，价格会被推高，如中国香港和新加坡；如果实行货币补贴为主，不再对住房市场进行划分，将有利于增加市场供给，缓解供给不足对房价的推升作用。因此，借鉴国外的住房保障政策，要在坚持政府住房保障责任的前提下，对不同阶段各种保障方式的利弊进行深入分析，选择恰当的住房保障方式。

三、重视从长周期观察相关政策的效果

从典型经济体住房市场发展历程观察，住房相关政策的出台一般都是着眼于解决短期面临的一些突出问题，但从长期观察，一些政策虽然实现了短期目标的同时，但对住房市场的长期发展有不利影响。例如，美国、英国等典型经济体在住房短缺阶段都曾大规模、集中地建设公共住房，这对解决当时的住房短缺问题发挥了重要作用。但随着经济社会的发展，低收入人群的集中居住带来了社区质量下降等很多社会问题。再如，21世纪以来，美国放宽了金融监管，为各种住房需求者提供贷款，加上长期的低息政策，刺激了大量低收入人群购买住房，这虽然在短期内提高了美国家庭的住房自有率，但由于收入水平难以支撑低利率政策推高的房价，随着2004年美联储开始持续升息，住房市场的风险逐渐显现并引发次贷危机。金融危机发生后，为应对危机，美国实施了量化宽松政策，利率水平也达到历史的最低点。由于利率水平大幅度回落，居民的住房支付能力再次提高，近两年来美国的住房价格出现了明显反弹，2013年美国的住宅销售均价已超过危机前的水平。由于美国居民的收入水平并未明显提高，低利率政策虽有助于房地产市场在短期内走出低谷，但如果不能尽快调整低利率政策，将很可能在刺激房地产市场走出低谷的同时种下下一轮危机的种子。

目前，我国住房市场正处于重要的转折期，全面总结、分析美国等典型经济体住房相关政策的经验、教训，将有利于不断完善我国的住房政策。

1998年以来我国住房政策的运用及其效果评估

1998年7月3日，《国务院关于进一步深化城镇住房制度改革加快住房建设

的通知》（国发〔1998〕23 号，以下简称 23 号文）正式发布，标志着我国城镇住房制度改革出现重大突破，住房市场化的制度框架开始确立，住房市场从此开始进入快速发展时期。住房制度改革以来，住房政策的目标在不同时期存在一定差异。对每个阶段的住房政策及效果进行客观评估，有助于进一步理清住房市场波动背后的主要原因，为进一步完善我国的住房政策提供经验借鉴。

一、1998 年以来住房政策的目标与政策调整的主要内容

1998 年以来，针对不同时期房地产市场形势的特点，我国住房（调控）政策经历了六次较大调整，根据调控政策目标取向的不同，可以分为五个阶段。

1. 住房制度改革初期以鼓励住房消费为主要目标阶段（1998～2002 年）

1998 年 23 号文提出，深化城镇住房制度改革的目标是：停止住房实物分配，逐步实行住房分配货币化；建立和完善以经济适用住房为主的多层次城镇住房供应体系；发展住房金融，培育和规范住房交易市场。23 号文发布后，城镇住房制度改革快速推进，银行信贷等配套政策相继出台，鼓励住房消费的政策框架初步形成。这一时期，住房政策的设计主要体现在三个方面。

一是 1998 年下半年开始停止住房实物分配，逐步实行住房分配货币化，为住房市场化和扩大住房消费奠定了制度基础。

二是建立和完善了以经济适用住房为主的住房供应体系，对不同收入家庭实行不同的住房供应政策。最低收入家庭可以租赁由政府或单位提供的廉租住房；中低收入家庭购买经济适用住房；其他收入高的家庭以市场价购买、租赁商品住房。

三是建立了住房金融制度，包括全面推行住房公积金制度，并出台了住房信贷政策。消费信贷政策的出台使居民可以在只支付首付的情况下购买住房，居民购买住房的进程由此大大加快。

2. 住房市场化加快推进与抑制房价过快上涨目标的提出阶段（2003～2004 年）

2003 年以后，为进一步促进房地产市场持续健康发展，鼓励居民扩大住房消费，并解决一些地区住房供求的结构性矛盾较为突出，房地产价格和投资增长过快等问题，2003 年 8 月 12 日，国务院发布了《国务院关于促进房地产市场持续健康发展的通知》（国发〔2003〕18 号，以下简称 18 号文）。18 号文出台后，为

鼓励居民扩大住房消费，培育新的经济增长点，加强宏观调控，努力实现房地产价格基本稳定等目标，建设部等相关部委就土地、住房信贷支持等方面出台了一系列具体政策。

一是更加明确提出住房市场化的改革方向，并强调要搞活住房二级市场。18号文提出要认真清理影响已购公有住房上市交易的政策性障碍，鼓励居民换购住房，这就使规模庞大的"存量房"开始进入市场，"卖旧换新"的需求大量增加，大大扩大了市场需求。

二是加强土地市场的调控。提出"土地供应过量、闲置建设用地过多的地区，必须限制新的土地供应。普通商品住房和经济适用住房供不应求、房价涨幅过大的城市，可以按规定适当调剂，增加土地供应量"。《国土资源部、监察部关于继续开展经营性土地使用权招标拍卖挂牌出让情况执法监察工作的通知》（国土资发〔2004〕71号）规定经营性用地必须采用招标拍卖挂牌方式供应，明确各地在2004年8月31日后，不得再以历史遗留问题为由，继续采用协议方式出让经营性土地使用权。

三是进一步扩大住房需求的政策，包括进一步加大住房信贷支持，加快落实住房补贴等政策。

3. 以稳定住房价格为主要目标的阶段（2005～2008年）

18号文及相关意见出台后，房地产投资过快增长势头得到了一定控制。但是，一些地方住房价格上涨过快的问题仍很突出，为抑制住房价格过快上涨、促进房地产市场健康发展，2005年3月26日，《国务院办公厅关于切实稳定住房价格的通知》（国办发明电〔2005〕8号）发布，要求地方政府和各部门高度重视稳定住房价格工作，此后有关相继出台了一系列以稳定住房价格为目标的政策。

一是开始将税收政策作为房地产调控的政策选择。自2005年6月1日起，对个人购买住房不足2年转手交易的，销售时按其取得的售房收入全额征收营业税。为进一步抑制投资投机性需求，从2006年6月1日起，将住房转让环节营业税免征期限由2年提高到5年。

二是调整住房供应结构。明确新建住房结构比例，要求套型建筑面积90平方米以下住房（含经济适用住房）面积所占比例，必须达到开发建设总面积的70%以上。

三是调整金融政策，有区别地适度调整住房消费信贷政策，提高个人住房按揭贷款首付款比例，并从 2007 年 9 月 27 日起要求对第二套（含）以上住房的贷款首付款比例不得低于 40%，贷款利率不得低于中国人民银行公布的同期同档次基准利率的 1.1 倍，而且贷款首付款比例和利率水平应随套数增加而大幅度提高。

四是解决城市低收入家庭住房困难问题。2007 年 8 月 7 日，国务院发布了《国务院关于解决城市低收入家庭住房困难的若干意见》（国发〔2007〕24 号），提出"加快建立健全以廉租住房制度为重点、多渠道解决城市低收入家庭住房困难的政策体系"。

4. 以保增长、鼓励住房消费为目标的阶段（2009 年）

2008 年 12 月，为应对国际金融危机和国内房地产市场销量大幅下降的情况，国务院办公厅出台了《关于促进房地产市场健康发展的若干意见》（国办发〔2008〕131 号），在加大保障性住房建设力度，鼓励住房消费，促进房地产市场健康发展等方面提出一系列政策措施。这一时期，最主要的政策调整主要来自三个方面。

一是加大保障性住房建设力度，强调主要以实物方式解决、结合发放租赁补贴解决城市低收入住房困难家庭的住房问题。

二是加大对自住型和改善型住房消费的信贷支持力度，对自住型购房贷款利率实行七折优惠，五年期以上贷款利率的实际水平处在住房制度改革以来的最低水平，这大大提高了购房者的购买力。公积金贷款政策也在降低首付比，上调贷款限额，延长贷款期限方面进行了调整。

三是对住房转让环节营业税暂定一年实行减免政策。对个人首次购买 90 平方米及以下普通住房的，契税税率暂统一下调到 1%，免征印花税、土地增值税。

5. 以遏制房价上涨和加大保障房建为主要目标的阶段（2010～2013 年）

针对 2009 年以来房地产市场快速回升过程中，一些城市出现的房价上涨过快等问题，2009 年 12 月 14 日国务院常务会议决定，继续综合运用土地、金融、税收等手段，加强和改善对房地产市场的调控，遏制部分城市房价过快上涨的势头。为遏制部分城市房价过快上涨，2010～2013 年，国务院及有关部委和地方政府多次出台了相关调控政策，特别是《国务院办公厅关于促进房地产市场平稳健康发展的通知》(国办发〔2010〕4 号)、《国务院关于坚决遏制部分城市房价过快上涨的通知》(国发〔2010〕10 号)、《国务院办公厅关于进一步做好房地产市场调控工作的通知》(国办发〔2011〕1 号)及《国务院办公厅关于继续做好房地产调控工作的通知》(国办发〔2013〕17 号)明确了房地产调控以遏制房价上涨和加大保障房建设、增加普通商品住房供给为主要目标。

一是部分城市开始实行限购政策。2010 年 4 月《国务院关于坚决遏制部分城市房价过快上涨的通知》出台后,北京等一些房价过高的城市相继颁布限制家庭购房套数的政策。2013 年 2 月 20 日,国务院常务会议研究部署继续做好房地产调控工作,强调要严格执行商品住房限购措施。

二是更加重视税收政策的调控作用。营业税免征年限从 2 年恢复到 5 年,并在上海和重庆两市进行了房产税试点。

三是更加重视差别化的信贷政策。自 2010 年 10 月 1 日起,各商业银行暂停发放居民家庭购买第三套及以上住房贷款;对不能提供一年以上当地纳税证明或社会保险缴纳证明的非本地居民停发购房贷款;商品住房,首付款比例调整到 30%及以上;第二套住房的家庭,严格执行首付款比例不低于 50%、贷款利率不低于基准利率 1.1 倍的规定。2013 年 2 月 20 日,国务院常务会议强调要严格实施差别化住房信贷政策。

四是更加重视加快保障房建设。2010～2012 年,三年共开工建设了 2400 万套保障房。为鼓励保障房建设,在土地、金融政策给予了积极支持。2013 年 2 月 20 日,国务院常务会议强调要加快保障性安居工程规划建设,全面落实 2013 年城镇保障性安居工程基本建成 470 万套、新开工 630 万套的任务。

五是更加强调土地调控的作用。增加普通商品住房的有效供给。适当增加中低价位、中小套型普通商品住房和公共租赁房用地供应,提高土地供应和使用效率。

6. 以去库存为主要目标的阶段(2014 年至今)

2014 年以来,住房市场形势出现重大变化,住房销售面积和新开工面积开始明显下降,库存快速增加。针对住房市场形势的新变化,住房相关政策再次进行了调整,并逐渐将政策目标聚焦在去库存上面。

一是大部分实行限购的城市开始取消限购政策。随着住房市场环境的变化,

2014 年下半年以来，绝大部分实行限购的城市相继取消了限购政策，只有北京等少数一线城市仍继续实施限购政策。

二是住房金融政策再次调整，贷款利率持续下调，并积极支持居民家庭合理的住房贷款需求。基于宏观经济和物价形势的变动情况，中国人民银行从 2014 年 11 月 22 日到 2015 年年底连续 6 次下调存贷款基准利率，中长期贷款基准利率从 6.55%下调到 4.9%。2014 年 9 月 29 日，中国人民银行、中国银行监督管理委员会（以下简称银监会）发布《关于进一步做好金融服务工作的通知》，明确"积极支持居民家庭合理的住房贷款需求，对于贷款购买首套普通自住房的家庭，贷款最低首付比例为 30%，贷款利率下限为贷款基准利率的 0.7 倍，具体由银行业金融机构根据风险情况自主决定。对拥有一套住房并已结清相应购房贷款的家庭，为改善居住条件再次申请贷款购买普通商品住房，银行业金融机构执行首套房贷政策"。同时强调"增强金融机构个人住房贷款投放能力"。

三是再次调整税收政策。2015 年 3 月 30 日，《财政部、国家税务总局关于调整个人住房转让营业税政策的通知》（财税〔2015〕39 号）正式发布，提出"个人将购买不足 2 年的住房对外销售的，全额征收营业税；个人将购买 2 年以上（含 2 年）的非普通住房对外销售的，按照其销售收入减去购买房屋的价款后的差额征收营业税"。2016 年 2 月 22 日，财政部、国家税务总局、住房和城乡建设部发布《关于调整房地产交易环节契税　营业税优惠政策的通知》（财税〔2016〕23 号），决定"对个人购买家庭唯一住房（家庭成员范围包括购房人、配偶及未成年子女），面积为 90 平方米及以下的，减按 1%的税率征收契税；面积为 90 平方米以上的，减按 1.5%的税率征收契税。对个人购买家庭第二套改善性住房，面积为 90 平方米及以下的，减按 1%的税率征收契税；面积为 90 平方米以上的，减按 2%的税率征收契税"。"个人将购买不足 2 年的住房对外销售的，全额征收营业税；个人将购买 2 年以上（含 2 年）的住房对外销售的，免征营业税"。

四是对住房保障方式进行了适当调整。保障房建设的重点开始从公租房转向棚户区改造，2015 年以来，开始更加重视提高棚户区改造中货币拆迁的比例。

二、住房政策调整对住房市场的影响

自 1998 年以来，住房政策的历次调整都对住房供给或住房需求产生了一定影响，进而对住房价格和投资等指标产生一定影响。

1. 住房制度改革初期的政策设计较快启动了住房市场，市场运行较为平稳

1998 年 23 号文发布后，城镇住房制度改革快速推进，在银行信贷等配套政策支持下，住房建设步伐加快，住房消费有效启动（表4）。

表 4　1998～2002 年中国住房市场主要指标变化情况

	1998 年	1999 年	2000 年	2001 年	2002 年
住房新开工面积增速/%	51.3	13.0	29.8	25.1	13.7
土地购置面积增速/%	52.2	18.3	41.4	38.5	34.0
住宅销售面积增速/%	37.7	20.1	27.5	20.3	18.9
房价涨幅/%[①]	3.6	0.2	4.9	3.5	3.7
收入涨幅/%[②]	5.1	7.9	7.3	9.3	12.3
五年期以上贷款利率/%	10.35～7.56	7.56～6.21	6.21	6.21	6.21～5.76

注：①房价涨幅指城镇新建商品住宅销售均价涨幅；②收入涨幅指城镇居民人均可支配收入涨幅。

资料来源：国家统计局、中国人民银行

一是住宅建设明显加快，房地产投资占比稳步提高，对经济增长的拉动作用不断增强。1997 年城镇住宅新开工面积只有 10 996.64 万平方米，2002 年提高到 34 719.35 万平方米，年均增速达到 25.9%。1997 年房地产开发投资占城镇固定资产投资的比例为 16.07%，2002 年提高到 21.95%，上升了 5.92 个百分点。加快住房建设、促使住宅业成为新的经济增长点的目标基本实现。

二是住宅销售面积较快增长，居民居住条件不断改善。1997 年，住宅销售面积为 7864.3 万平方米，2002 年达到 23 702.31 万平方米，年均增速达到 24.7%。居民居住条件的改善速度开始加快。

三是房价始终保持较低涨幅。这一时期，全国新建商品住宅销售均价涨幅一直低于 5%，明显低于同期收入涨幅。

2. "扩需求、抑供给"的政策组合造成 2003 年之后住房价格涨幅加大

从 2003 年开始，搞活二级市场等鼓励住房消费的政策扩大了住房需求，2003 年和 2004 年全国商品住宅销售面积同比分别增长 25.6% 和 13.6%。

从供给情况看，2003 年全国城镇商品住宅新开工面积同比增长 26.3%，但受 2003 年 8 月份出台土地调控等政策影响，2004 年住宅新开工面积增速回落到 9.3%。

　　由于需求较快增长、供给增速回落，加之贷款利率处在非常低的水平，2003
年以来房价涨幅开始加快。2003 年，虽然受"非典"影响，全国新建商品住宅涨
幅仍达到 5.0%，2004 年涨幅快速攀升到 18.7%。总体看，控制房价过快上涨的目
标并未实现（表 5）。

表5　2003～2004 年中国住房市场主要指标变化情况

项目	2003 年	2004 年
住房新开工面积增速/%	26.3	9.3
土地购置面积增速/%	13.8	11.5
住宅销售面积增速/%	25.6	13.6
房价涨幅/%	5.0	18.7
收入涨幅/%	10.0	11.2
五年期以上贷款利率/%	5.76	5.76～6.12

资料来源：国家统计局、中国人民银行

3. 2005～2008 年稳房价的政策目标实现并不理想

　　2005 年以来为稳定住房价格，出台了一系列调控政策，但从市场运行情况看，
效果并理想（表 6）。2005～2007 年，全国新建商品住宅销售均价涨幅分别达到
12.6%、6.2% 和 16.9%，其中北京等部分城市的房价涨幅更高，如 2006 年北京新
建商品住宅销售均价上涨了 19.69%，2007 年则达到了 44.55%。

表6　2005～2008 年中国住房市场主要指标变化情况

项目	2005 年	2006 年	2007 年	2008 年
住房新开工面积增速/%	15.1	16.7	22.3	6.2
土地购置面积增速/%	−3.9	−4.4	10.0	−2.2
住宅销售面积增速/%	46.6	11.8	26.5	−15.5
房价涨幅/%	12.6	6.2	16.9	−1.9
收入涨幅/%	11.4	12.1	17.2	14.5
五年期以上贷款利率/%	6.12	6.12～6.84	6.84～7.83 二套房 1.1 倍利率	7.83～5.94 二套房 1.1 倍利率年底取消
税收政策	6 月 1 日起，对有不满两年的二手房上市交易征收营业税	6 月 1 日起，将住房转让环节营业税免征期限由 2 年提高到 5 年	维持不变	2008 年年底取消

资料来源：国家统计局、中国人民银行

2007 年 9 月，随着二套房贷的收紧和贷款利率的提高，购房人的支付能力下降较为明显，2007 年四季度开始房地产销售面积增速开始回落，2008 年以来则持续下降，全年住宅销售面积下降了 15.5%，这也是 1998 年以来首次出现新建住房销售面积下降的情况。由于销量下降，房地产开发企业资金链趋紧，2008 年全国新建商品住宅销售均价同比下降了 1.9%。销量快速下降对相关行业和地方政府税收都带来了不利影响。

4. 国际金融危机后鼓励住房消费的政策刺激了住房销量和价格的大幅上涨

国际金融危机发生后，降低利率等鼓励住房消费的政策取得了明显效果。2009 年，全国商品房销售面积 94 755 万平方米，同比增长 43.6%；其中，商品住宅销售面积 86 184.9 万平方米，同比增长 45.4%。

由于 2008 年年底贷款利率大幅降低，加之对住房贷款普遍实行 7 折优惠利率，购房人的支付能力显著提高。2009 年，全国新建商品住宅销售均价 4459 元/平方米，较 2008 年上涨了 898 元/平方米，涨幅达到 25.1%，是住房制度改革以来涨幅最大的一年（表 7）。

表 7　2009 年中国住房市场主要指标变化情况

项目	2009 年
住房新开工面积增速/%	11.5
土地购置面积增速/%	−18.9
住宅销售面积增速/%	45.4
房价涨幅/%	25.1
收入涨幅/%	8.8
五年期以上贷款利率/%	5.94，绝大多数住房贷款实行 7 折优惠利率
税收政策	转让二手房免征营业税

资料来源：国家统计局、中国人民银行、财政部

5. 2010 年后抑制房价上涨和加大保障房建设的政策取得一定效果

2010～2013 年，随着限购、差别化信贷政策、加大普通商品房供给等一系列调控政策的实施，房价过快上涨的势头得到初步抑制，2010 年、2011 年、2012 年全国新建商品住宅销售均价涨幅分别为 5.6%、6.1% 和 8.4%，是 2003 年以来房

价涨幅最为平稳的一个阶段。

虽然房价过快上涨的势头得到了初步遏制，但并未解决市场运行的稳定性问题，特别是北京等部分热点城市房地产市场大幅波动问题比较突出。2009 年，北京住宅销售面积增长了 82.3%。2010 年和 2011 年则分别下降了 36.1%和 16.9%，2012 年增长了 43.3%。北京等热点城市的房价波动幅度也显著高于全国。2010 年，北京新建商品住宅销售均价同比涨幅仍高达 29.7%，2011 年和 2012 年则分别下降了 9.5%和 0.1%。2012 年下半年以来，随着销售回暖和新开工量的下降，北京房价明显回升，抑制房价过快上涨的压力仍然较大。

这一时期，住房市场的一个重大变化是开始大规模建设保障性住房。仅 2010～2012 年三年就新开工建设了 2400 万套保障房。

6. 2014 年以来去库存的政策效果逐渐显现

2014 年下半年以来，随着限购、信贷等政策的调整，2015 年商品住宅销售面积同比增长 7.9%。2016 年以来商品住宅销售面积继续保持增长态势，住宅待售面积从 3 月末以来持续下降，并已低于 2015 年年末的水平，去库存的效果正在逐渐显现。

三、几点启示

1998 年以来，特别是 2003 年以来，我国住房政策的变化主要集中在住房金融政策、土地政策、税收政策和住房保障政策四个方面，总结不同时期住房政策的变化及其对住房市场的影响情况，有如下启示。

1. 住房金融政策的变化对住房市场影响最为显著

1998 年以来，我国住房金融政策的变化、特别是贷款利率的调整对住房需求的影响比较显著。课题组测算表明，2009 年由于实际贷款利率大幅降低，购房人在首付和月供不变的情况下，购房支付能力提高约 25%，这和 2009 年全国房价涨幅基本一致，即 2009 年全国房价大幅上涨的根源是低利率政策和极度宽松的信贷环境。2012 年下半年以来，住房销量与价格的回升也与 2012 年上半年两次降低利率有关。1998 年以来，只有 2008 年的房价出现了小幅下降，但这次下降的主因在于 2006 年和 2007 年持续上调利率，且 2007 年 9 月出台的对二套房 1.1 倍利率的政策造成购房人的实际可支付能力下降。因此，要保障市场需求基本稳定，要特别重视采取有效措施对冲利率调整等因素对住房市场和住房价格的影响。

2. 土地调控政策对市场供给影响最为显著

土地供给的变化会直接影响到住房供给的变化。2003 年以来，土地调控对住房供给的影响较为明显，这突出表现在两个方面。一是部分热点城市土地供应下降造成住房供给下降的问题较为突出并由此推高了本已偏高的房价。例如，北京房地产开发企业土地购置面积在 2002 年达到峰值，此后开始明显下降，2011 年的土地购置面积只相当于 2002 年的 24.2%。土地供给下降必然造成住宅供应量的下降，在人口持续流入的情况下，需求持续增长而供给不足必然会推高房价。二是部分城市土地供应量过大造成严重的供给过剩问题，去库存压力大，房价明显下降，也加剧了地方债务风险。

3. 税收政策调整对住房市场交易量的影响较大

2005 年以来，我国开始将调整交易环节的税费政策作为房地产调控的重要政策工具之一。税收政策调整的出发点最初是为抑制投资投机性需求，2008 年金融危机发生后又作为鼓励住房消费、稳增长的重要政策工具。但从 2005 年以来住房市场运行情况看，税收政策在实现市场平稳运行、抑制房价过快上涨方面发挥的作用不明显，但对交易量的影响较大。从经济学理论分析，在其他条件不变的情况下，提高交易环节税率的结果是造成均衡价格的上升和交易量的下降；降低交易环节税率的结果则是均衡价格的降低和交易量的增加。为保障市场平稳运行，建议应将交易环节税费保持在尽可能低的水平上，并且不再频繁调整。

4. 保持市场供求平衡是市场平稳运行的关键

住房市场的波动归根结底是供求的波动。由于各项调控政策会直接影响到供给或需求，一旦市场供求格局出现较大变化，将会随之出现市场的较大波动。例如，2008 年年底大幅降低利率及实行 0.7 倍优惠利率政策造成短期内（2009 年）购房人的支付能力显著提高，而受生产周期影响市场供应短期内无法大量增加，供求失衡必然会进一步推高房价。2003 年之前，住房价格涨幅较低，市场运行较为平稳，主要原因在于当时市场供求较为宽松。1998～2002 年，虽然住房建设和销售增长都较快，但销售面积增速总体仍低于新开工面积增速，市场供求关系较为宽松。因此，出台各项调控政策，需要深入分析调控政策对供给或需求的影响程度，从有利于实现市场供求基本平衡的角度出发调整和完善各项政策。

5. 保障房建设对住房市场的影响需进一步评估

2008 年以来，我国保障房建设力度显著加大。从短期看，保障房建设对稳增长和改善中低收入家庭居住条件具有重要意义。但也要认识到，保障房建设力度的加大会在一定程度上影响到商品房的供给量，而商品房供给量的变化会对住房市场产生一定影响。从国际经验看，许多西方发达国家在 20 世纪 60 年代都前后曾经经历过大规模建设保障房的阶段，但从 20 世纪 70 年代开始许多先前建设的保障房出现了空置和其他社会问题，由此许多国家又开始拆除先前建设的保障房。我国正在经济发展阶段和住房发展阶段的重要转换期，在进一步做好住房保障工作的同时，还要全面客观评估保障房建设的成效，并从中长期发展的角度出发，适时对相关政策进行调整。

6. 要重视住房市场发展阶段变化对住房政策调整的新要求

2013 年是我国住房市场的重要转折点，当年全国城镇户均住房达到 1.0 套左右，住房市场开始由供不应求转向供求总体平衡、局部过剩。随着住房市场发展阶段变化，住房市场发展态势将呈现与以往不同的特征，在调整住房相关政策时，要更加重视把握新阶段的市场特征和运行规律，努力实现住房市场持续健康发展。

关于实行中性的住房金融政策的建议

从国际经验看，利率等金融政策变化对住房市场波动影响较大，我国近年来住房市场波动也与利率调整有关。建议通过实行中性的住房金融政策，稳定市场需求，实现住房市场平稳运行的目标。

一、利率变化是各国住房市场短期内出现大幅波动的首要原因

住房价格远高于其他消费品的价格，也明显超出普通居民的年收入水平，大多数民众购买住房都需要使用银行贷款。因此，金融政策调整、特别是利率政策的调整将直接影响购房人支付能力的变化，进而对住房市场的需求和价格产生较

大影响。当贷款利率上调时，购房者获得同样额度贷款金额的月供支出将增加，如果购房者的月供能力不变，就只能减少贷款金额，这会降低购房者的支付能力，进而对住房需求和房价上涨形成抑制作用。当贷款利率下调时，购房者在月供金额不变的情况下，可以获得更高的贷款金额，即购房支付能力将提高，这会增加市场需求并推高住房价格。从美国、日本和中国香港等典型经济体房地产市场波动的历程看，利率变化对房地产市场的影响均十分显著。以美国为例，从 2001年 1 月 3 日到 2003 年 6 月 25 日，美联储 13 次降息，利率的大幅下降显著提高了购房人的支付能力，加之低首付和金融监管较为宽松，美国的房价涨幅显著提高；从 2004 年 6 月 30 日到 2006 年 6 月 30 日，美联储连续 17 次加息，利率水平快速提高造成购房人的月供支出在短时期内显著增加，由于居民收入增速显著低于月供增速，这成为美国次贷危机爆发的直接诱因，并随之出现住房销售量骤降和房价明显下滑。日本 20 世纪 80 年代末房地产泡沫的产生和破灭也与利率的大幅调整直接相关，日本从 1986 年初到 1987 年 2 月，贴现利率从 5%降到 2.5%，并一直维持到 1989 年 5 月 31 日，这在很大程度上导致了房价的快速上涨和泡沫快速积累。1989 年 5 月底，日本央行选择提高贴现率，并在一年多的时间内将官方贴现率从 2.5%提高到 6%，这成为日本房地产泡沫破裂的直接诱因，导致包括土地在内的各种资产价格大幅下跌。近年来中国香港和新加坡房价涨幅较大也与低利率和低首付政策有关。

二、利率变化对我国住房市场的影响也较为显著

从 1998 年以来我国住房市场的发展历程看，金融政策的变化、特别是贷款利率的变化对住房市场需求和价格的影响较为显著，并且利率调整幅度越大，对住房市场的影响越大。例如，在 2006 年和 2007 年持续加息后，2007 年 9 月五年期以上贷款基准利率提高到 7.83%，这是 1999 年以来的最高水平。2007 年 9 月 27日，开始对二套房实行 1.1 倍基准利率的政策，1.1 倍利率和当时的优惠利率相比，相当于加息 196 个基点。持续加息和 1.1 倍利率政策对市场需求产生较大抑制作用，2008 年全国住房销售面积较 2007 年减少了 20.3%。2008 年第四季度，为应对国际金融危机，利率水平大幅降低，为促进房地产市场健康发展，从 2008 年10 月 27 日开始，对首套房实行 0.7 倍的优惠利率，对属于改善型的二套房也比照首套房实行优惠利率。按照 2008 年 12 月 23 日调整后的五年期以上贷款基准利率

5.94%计算，0.7 倍利率只有 4.158%，处于 1998 年以来的最低水平。由于利率水平大幅下调，购房人可以在首付和月供不变的情况下将贷款金额提高 42.4%，将购房支付能力提高 25.4%（表 8），这也是 2009 年全国房价涨幅较大的主要原因。2012 年下半年住房销量回升也与 2012 年 6 月、7 月两次降息及住房信贷环境明显好转有关。

表 8　贷款利率变化对购房人支付能力的影响

项目	2008 年	2009 年	涨幅/%
房屋总价/万元	100	125.42	25.4
首付/万元	40	40	0
贷款额/万元	60	85.42	42.4
贷款利率/%	8.61	4.16	
月供/元	5248.79	5248.58	
备注	贷款利率为 2007 年 9 月至 2008 年 9 月五年期以上基准利率的 1.1 倍；月供按 20 年期等额本息计算	贷款利率为 2008 年 12 月至 2010 年 4 月五年期以上基准利率的 0.7 倍	

三、实行中性的住房金融政策的具体建议

由于利率等金融政策的调整可以在购房人收入未发生变化的情况下，造成其支付能力发生较大变化，进而影响到住房需求和价格，要实现房地产市场平稳运行，需要重视利率等政策调整对房地产市场的影响，采取有效措施稳定住房市场需求。

一是更加重视保持物价总水平的基本稳定，进而增强利率等金融政策的稳定性。利率等政策的变化一般是基于经济增长和物价形势的变化做出的，如果物价相对稳定，金融政策的稳定性就会显著增强，这就会减少因利率政策调整对住房市场的冲击。从国际经验看，德国中央银行一直将保持物价稳定放在首要位置，由于物价较为稳定，德国的利率可以在较长时间内相对平稳，这是德国房价变化相对平稳的重要原因所在。美国在 1991~2000 年的 10 年间，房价平均涨幅在 3% 左右，在这一时期抵押贷款利率始终在 7.0%~8.1%的区间里小幅波动。因此，我国应更加重视保持物价总水平的基本稳定。

二是实行住房首付和贷款利率反向调整政策。利率等政策是宏观调控的重要工具，如果经济形势和物价出现较大变化，利率调整有其必要性，但在调整利率

时宜采取相应政策对冲利率调整对住房市场的影响。建议实行住房首付和贷款利率反向调整政策，在贷款利率下调时，适当上调首付比例；在贷款利率上调时，则适当下调首付比例。实行住房首付和贷款利率反向调整政策的目的是防止因利率调整造成购房人支付能力在短期内发生重大变化，进而造成市场需求和房价的大幅波动。基于对 1998 年以来我国利率调整和住房市场波动情况的分析，并在参考美国等典型经济体利率调整对住房市场影响的基础上，建议将 30% 首付（首套房）和五年期贷款利率 6.8% 作为首付和贷款利率反向调整的基准情形，具体调整幅度要同时考虑利率调整对购房能力的影响程度和利率调整对房地产行业及相关行业发展的预期目标两方面因素，在利率调整时，首付比例反向调整幅度不宜超过利率变化对购房支付能力的影响程度。

三是进一步完善差异化的信贷政策。由于利率政策调整对住房市场的需求和价格均有较大影响，要实现市场稳定运行并有利于居民持续改善居住条件的目标，建议进一步完善对不同购房群体的差异化信贷政策。对首次置业，可继续实行不低于 30% 首付，不低于 0.85 倍基准利率的政策；由于居民改善住房条件是一个持续换房的过程，建议对二次以上购房的贷款利率由商业银行根据风险情况自主定价，但不能低于基准利率的 0.85 倍；对在银行有未还清贷款的则不给予新的住房贷款，即在金融政策上继续严格限制投机性购房需求。

天津市调控商品住房供需平衡的主要做法及启示①

我们在调研中了解到，天津市国土房管部门从 2005 年开始探索住房调控的新思路，即根据住房需求变化情况及时调整住房用地供应量，并以此促进商品住房的供需平衡，努力实现住房市场的平稳运行。

一、天津市调控房地产供需平衡的主要做法

一是对住房需求状况进行深入分析和测算，对每年新增需求做到"心中有数"。在进行住房需求分析时，天津市主要考虑城镇人口增加情况、危房改造和拆迁规模、"80 后"新婚家庭数量、人均住房改善情况及家庭资产保值需求等因素对当年住房需求的影响，并据此对每年住房需求做出分析预测。

---

① 本文由邓郁松、刘卫民和邵挺发表于国务院研究中心《调查研究报告摘要》2012 年第 172 号。

二是根据住房销售情况和需求预测结果，确定每年新增商品房用地供应量。住房市场平稳运行的关键是要保证市场供求基本平衡。在总结多年经验基础上，天津市房地管理部门认为，当年新增住房需求量、有效房源供应量和可供开发土地供应量之间的比例关系保持在1∶2∶3左右时，市场供求会基本平衡，房地产价格运行比较平稳，而一旦明显偏离这个比例关系时，市场波动就会明显加大。这里的"有效房源供应量"是指已批准上市销售但未售出的新房和预计在当年可上市的在建房源。"可供开发土地供应量"包括已上市但尚未开发的存量土地和当年计划新增的土地供应量。因此，在确定每年新增商品房用地供应量时，天津市相关部门首先按照1∶2∶3的比例关系，测算出保持市场平衡所需的可供开发土地供应量，再减去已上市待开发的土地供应量，就得到当年应新增的商品房用地供应量。

天津市在保持住房用地总量供求平衡的基础上，还将全市16个区县划分为129个板块，按照每个细分区域的住房需求情况，对可供房源和土地供给情况进行有针对性调控。例如，近年来天津市滨海新区受城市扩张和人口大量增加的影响，其住房需求增长很快，住房需求量与有效房源供给量的比例一度下降到1∶1.2，低于天津市1∶2的平均水平。为此，房地管理部门加大了滨海新区的用地供应，进而增加有效房源供给，使住房需求与住房供给的比例回升到1∶2.2，较快地改变了短期市场供求失衡状况，使房地产调控的"精准性"明显增强。

三是建立统一的房地产信息平台，对土地开发和住房供应情况进行实时监测，确保土地供应后商品房能够按计划开工和销售。天津市房地主管部门利用全国第二次土地调查的机会，建立了一整套高精度、实时更新的房地产信息平台。通过这个平台实现了从土地供应、建设开发到住房销售全程一体化监管，确保土地供应后商品房能够按计划开工和销售，形成有效供应量，实现市场供求平衡。高效的信息平台，为政府的相关决策提供了重要的支撑。

二、天津市调控实践的具体效果

天津市根据住房需求情况确定土地供应量，并对各区县房地产市场进行"定向"调控的做法，基本实现了住房市场供求基本平衡的目标，房地产市场总体保持了较为平稳的运行态势。一是土地供应相对充足，从源头上保证了住房市场供需平衡。住房用地供应量与住房销量之间的比例关系可大致反映住房用地供应的充足程度。从 2006 年开始，天津市的这一比例就持续高于上海市、北京市和全国的平均水平。2011 年，天津市的住房用地供应量是住房销售量的 1.05 倍，北京市和上海市的这一比例则只有 0.75 倍和 0.69 倍，这意味着天津市的住房用地供应相对充足，有利于满足当期及后续住房开发需求。

二是住宅投资和施工规模均保持了适度增速，住房有效供应量较为充足。2005~2011 年，天津市住宅投资名义年均增速保持在 19.4%，比北京市和上海市分别高 4.6 个百分点和 12.1 个百分点，而同期施工面积增速远高于北京和上海等直辖市。特别是在 2006~2009 年，北京市和上海市的住宅施工面积增幅均为负，而同期天津市的年均增幅是 12.6%，较好地满足了天津市场快速增长的住房需求。

三是住房市场价格波动幅度较小。2006~2011 年，天津市的住宅均价波动幅度相对较低，虽略高于全国平均水平，但远低于北京市、上海市等一线大城市。由于住房价格变动相对平稳，天津市城镇居民购房支付能力比较稳定。经测算，2011 年，天津市房价收入比^①为 9.5，比 2005 年上升了 0.05，而当年北京市和上海市的房价收入比分别为 14.1 和 11.1，较 2005 年提高了 3.6 和 0.3。

四是分区域调控的效果较为显著。例如，2009~2010 年，滨海新区的住房供求关系紧张，房价出现明显上涨，但经过增加供给和房地产调控以后，滨海新区的房价出现回落。

三、天津市住房市场调控探索的启示与建议

天津市房地产市场调控的做法和成效，给了我们以下三点启示。

一是房地产市场平稳运行的关键在于实现市场供求的基本平衡，应重视地方政府在供给方面的调控作用。目前"限贷、限购"和金融、税收等政策主要侧重于住房需求调控，且主要由中央政府主导。天津市的经验表明，地方政府在供给调控方面还是有较大的政策空间。天津市的实践表明，土地供给对住房市场具有较强的引导和预调作用。当住房市场供不应求时，加大住宅土地供给量，强化对已供土地开发的监管力度，有利于改善供求偏紧状况；当住房市场供大于求时，调减和控制住宅用地供给量，则有利于避免土地闲置和缓解市场供过于求的状况。建议应重视地方政府在供给方面的调控作用，在合理分析预判和调节住房需求的

---

① 在本文中，房价收入比=（住宅销售均价×住宅面积）/（城镇居民人均可支配收入×平均家庭规模）。

同时，从土地供给、住宅开发及上市销售等多个环节入手，保持合理的住宅供给规模。这不仅有利于缓解大城市住房供求矛盾，避免下一轮因供给不足造成的房价上涨压力，而且也有利于稳定住宅投资增速，缓冲固定投资大幅下行对整体经济的负面冲击。

二是建立高效、顺畅的房地产调控决策与协调机制非常重要。从管理体制来看，天津市国土资源与房屋管理隶属于同一部门，这也是当地住房和土地供应计划能够有效衔接、顺利落实的重要原因之一，避免了部门间的扯皮、内耗和工作关系脱节。而对于大多数城市来说，房地产政策往往存在跨部门协调问题，因此，建议在国土、房屋管理等部门之间建立一套高效顺畅的工作协调机制，确保不同部门在政策目标、政策工具等方面的一致性、协调性。

三是加强房地产基础信息平台建设势在必行。天津市的房地产信息系统可以做到土地从招拍挂到实际开发使用，住房从上市开盘到销售完成的全程监管，为提高房地产调控的精细化水平提供了基础条件。建议各地有关部门借鉴天津的做法和经验，进一步加强房地产信息平台建设，建立房地产信息共享机制，做到既能准确掌握土地和住房供给方面的"家底"，也能够实时跟踪市场运行的新情况，实现对房地产市场进行动态监测，不断提高监管水平，促进房地产市场的平稳发展。

房产税：不是房地产调控的理想工具

近年来，由于部分城市房价上涨过快，投机投资性购房比例有所上升，许多人建议通过征收房产税来解决上述问题。通过对国外主要国家房产税征收情况及其对房地产市场影响情况的研究，建议宜从完善税制的目标出发继续推进房产税试点，但不宜将房产税作为房地产调控的主要政策选择。

一、各国征收房产税的主要目的

房产税有广义和狭义之分。广义的房产税是指对房地产占有、交易和收益等各环节征收的各类税项的总称。狭义的房产税则是指对房屋本身征收的税，属于财产税，目前国内也主要是从狭义方面讨论房产税，即常说的物业税。本书主要是从狭义角度讨论房产税。

国际上绝大多数国家的房产税都属于地方税种，用以平衡地方财政，尽管有些国家房产税由中央政府征管，但最终也大部分分配给地方用于社会公共服务、教育、道路、环保等市政支出。

在征收房产税的国家中，韩国和我国台湾是少数将抑制房价泡沫和打击土地投机作为征收目标的国家或地区。

各国征收房产税的目标是为地方财政收入筹集资金，因此普遍根据支出确定收入的方式确定房产税额的征收。房产税的税率一般相当于房屋价值的0.5%~3%。

二、国际经验表明房产税并不是房地产调控的理想工具

从主要国家房地产市场波动和房价变化情况看，房产税无法成为调控房地产市场的有效工具。

美国各州从19世纪中期开始就普遍征收房产税，但房产税的征收并没有改变美国房地产价格的波动，也没有避免次贷危机的爆发。据统计，1977~1979年，美国连续12个季度房屋价格同比涨幅超过10%，2000~2006年美国房价再次出现明显上涨，而2007年以来美国则出现了次贷危机并造成房价大幅下降。

英国政府从1993年8月1日开始执行新的住房财产税，由英格兰、苏格兰、威尔士地方政府负责征收。从1993年至今，英国的房价仍然出现大幅上涨。

中国香港的税收体系中与不动产直接相关的税种有房地产税、差饷税、遗产税、利得税和印花税等，虽然其不动产税制完备，但既没有解决中国香港的高房价问题，也没有解决中国香港房地产市场的暴涨暴跌问题。

即便是个别国家从抑制投机投资的角度出发征收的房产税，在调控市场和房价方面的效果也并不明显。以韩国为例，房产税没有解决韩国土地集中的问题，2005年，5%的富人掌握82.7%的私有土地，这一比例比20世纪80年代末还要高出20%；从价格看，开征房产税在一定程度上抑制房地产市场的投机和投资行为，但韩国2003~2007年的高房地产税负，抑制了需求和正常交易，但没有抑制高房价。

从世界范围看，房价上涨过快或出现房地产泡沫主要与两个因素有关，一是低利率政策，如美国、日本、韩国和中国香港等国家或地区房价过快上涨的阶段

都与当时的低利率相关,而房地产泡沫的破裂则出现在低利率后的持续大幅升息;德国房价在近两年也出现了明显上涨的态势,其根源也在于国际金融危机之后欧洲央行的低利率政策。二是与供给不足有关,如莫斯科有 1000 多万人口,但每年新建房面积只有 200 万平方米,这也是莫斯科房价偏高的主要原因。显然,不论是低利率问题,还是供给不足问题,都无法通过征收房产税来解决。

三、建议完善税制继续推进房产税试点

虽然从国际经验看,房产税无法成为调控房地产市场的有效工具,但房产税在完善税制等方面的作用仍值得重视。建议继续推进房产税试点和改革,同时针对房地产市场波动的主要原因进一步完善房地产调控政策。

1. 继续推进房产税试点和改革

我国从 2011 年开始在上海和重庆两市试点征收房产税,但目前我国房产税试点的目标与国外存在较大差异,宜在进一步明确房产税征收目标的基础上,继续推进房产税试点和改革。

一是进一步研究房产税的征收目标。从上海、重庆两市征收房产税的相关文件看,上海市征收房产税是为"进一步完善房产税制度,合理调节居民收入分配,正确引导住房消费,有效配置房地产资源";重庆市征收房产税是为"调节收入分配,引导个人合理住房消费"。显然,目前房产税试点更重视调节收入分配和引导个人合理住房消费的功能,而并不是将其作为筹集地方收入的税源。从用途看,两市的房产税收入全部用于住房保障等方面的支出,这也与国际上大多数国家的房产税的用途存在显著差异。建议从完善税制的目标出发,进一步研究明确房产税中长期的定位,在此基础上,再进行扩大试点的相关工作。

二是房产税试点宜与交易环节减税并行。在我国所有的改革试点中,房产税试点是唯一一个增加纳税人成本的试点,这也是目前重庆、上海两市房产税征收成本较高的主要原因。建议在房产税试点的同时宜简化和降低交易环节税费,做到既不增加整体税负,又有利于存量住房资源的优化配置。

三是进一步研究征收房产税与土地出让金制度的关系,明确房产税中长期改革是否需要进行土地出让金制度的改革。

2. 以调整市场供求关系为重点继续完善房地产调控政策

近年来房地产市场的大幅波动，特别是部分城市房价上涨过快，仍需要通过进一步完善房地产政策加以解决。分析国内外房地产市场波动和部分城市房价过高的原因，可以发现，人口总量和结构变化，住房金融政策特别是利率政策的变化和房地产供给变化是造成上述问题的主要原因。从房地产市场持续稳定发展的目标出发，要重视实行中性的住房金融政策，并根据人口总量和结构变化情况合理确定住房供应量。人口大量流入是大城市房价高于中小城市的一个重要原因，实行区域均衡发展战略有助于改变人口流动状况，进而改变部分城市房价过高的问题。

建立房地产市场长效机制需关注的几个问题

近年来，由于房地产市场运行情况与各界预期存在一定差异，各界越来越重视讨论通过建立房地产市场长效机制，实现房地产市场平稳运行等目标。虽然长效机制是使制度能够长期正常运行并发挥预期功能的配套制度，但也要认识到，建立房地产市场长效机制仍然要以金融、土地、税收等主要政策工具为基础。在主要政策工具基本不变的情况下，长效机制要取得预期效果，需要准确把握房地产市场发展阶段及特征，在此基础上，遵循市场运行规律，在中央和地方之间合理分工，审慎出台具体的方案。

一、准确把握房地产市场发展阶段及特征

房地产市场的变化受多种因素影响，这些影响因素既包括长期因素，也包括短期因素；既涉及人口总量和结构变化等趋势明显且无法改变的因素，也涉及短期金融、土地、税收政策调整的因素。多种因素的共同作用决定了房地产市场的中长期趋势和短期波动特征。由于影响房地产市场中长期发展趋势的因素和短期波动的因素存在较大差异，这就决定了房地产市场发展的不同阶段，房地产市场的运行特征存在较大差别。因此，既不能简单地将发达经济体处于平稳发展阶段的市场特征作为评判我国过去十几年房地产市场运行是否正常的参照标准，也不宜将过去十几年房地产市场快速发展时期的特征作为可以长期持续的特点。由于房地产市场发展阶段不同市场运行特征存在较大差异，建立房地产市场长效机制，

首先需要准确把握房地产市场波动规律和不同阶段的发展特征，客观评判我国房地产市场的发展阶段及未来趋势，认清所处阶段的发展特点和市场运行规律，在此基础上才能确定政策取向和具体使用各项政策工具。

二、根据发展阶段的变化适时调整房地产市场的发展目标

自 1998 年城镇住房制度全面改革以来，我国房地产（调控）政策的目标实际上是多元的，但主要目标集中在三个方面：一是持续改善居民居住条件，这也是广大居民享受经济发展成果和经济社会进步的重要标志之一；二是发挥房地产业在经济增长中的带动作用，在 1998 年和 2003 年的相关文件中明确提出将房地产业作为新的增长点和支柱产业，2008 年则提出要发挥房地产业在扩大内需中的作用；三是实现市场平稳运行，这突出表现在 2003 年以来的历次调控中，重点是针对部分城市房价过快上涨及房地产投资过热问题。总体来看，由于在城镇住房制度改革初期，我国面临较为严重的住房短缺问题，加之过去 15 年城镇人口持续快速增长，这两个因素共同支撑了过去 15 年我国房地产业的持续较快发展，在这一过程中，城镇居民居住条件明显改善，房地产业客观上也对经济增长形成较强的拉动作用。但随着我国城镇居民住房条件的显著改善，房地产市场由供不应求向供求基本平衡的转变，房地产市场正在由快速发展阶段转向平稳发展阶段，发展阶段的变化意味着房地产主要指标的增速将会回落，房地产新开工面积等个别指标还会出现下降，房地产业在经济增长中的带动作用也会有所减弱。但也要看到，广大居民持续改善居住条件的要求并没有发生变化，从典型经济体房地产发展历程看，居民持续改善住房是一个长期过程，住房质量的提升也是一个长期持续过程，居民持续改善住房必然会对相关行业产生拉动作用。还要看到，在房地产进入平稳发展阶段后，也恰恰是容易出现房地产风险的阶段，在这个阶段，要特别重视防范风险。因此，在房地产发展阶段的转换期，要更加重视通过建立长效机制，实现持续改善居民居住条件和市场稳定运行的目标。

三、合理划分中央和地方的调控职能

近年来，我国不同城市的房地产市场形势开始表现出较为明显的差异性，一些热点城市房价涨幅较高，但也有个别城市出现了供给过剩、价格下降的现象。

在同样的宏观政策环境下，为什么有的城市房价持续上涨，而有的城市房价却出现了明显的回落？分析不同城市房地产市场走势的差异，可以发现，区域市场的差异性既有市场运行方面的原因，也与不同的地方政府在政策选择上的差异有关。例如，房价持续上涨的城市通常表现为人口的持续较快增长，而商品房的新增供给却非常有限，商品房新增供给少的背后又是商品房用地供应不足的结果。出现房地产市场供给过剩的城市，则通常表现为人口流入相对有限，但商品房新增供应量增长过快，商品房新增供应量过大又是前期商品房土地供应量过大的结果。从金融、土地、税收和住房保障等主要政策工具的决策和实施主体看，金融、税收等方面的政策主要由中央政府决定，而土地供应等方面的政策则主要由地方政府主导。因此，建立房地产长效机制，要在准确把握影响市场波动的主要因素基础上，根据各项政策工具的决策主体，合理划分中央和地方的调控职能，确保各项政策目标一致，实现房地产市场持续稳定运行。

四、重视政策的系统性、稳定性和可预期性，并进行预评估

与房地产市场相关的政策主要涉及金融、土地、税收和住房保障等方面，建立房地产市场长效机制实际上仍是对上述主要政策工具进行重新组合。不同政策工具的作用机理存在较大差异，同样的政策工具如果政策取向不同，会对房地产市场产生截然相反的影响，因此建立房地产市场长效机制，需要在明确房地产市场发展目标的前提下，更加重视政策的系统性、稳定性和可预期性，确保包括金融、土地、税收、住房保障等在内的一系列政策工具目标一致，能够形成政策合力，而不是相互掣肘。

金融、税收、住房保障等具体政策都曾在国际上广泛使用，但从典型经济体住房市场运行情况看，有的经济体总体实现了较为平稳的发展，但也有的经济体出现了房地产泡沫，还有的经济体一直未能解决好市场的大幅波动问题。从典型经济体房地产市场的发展历程观察，在市场运行比较平稳的阶段，各项政策总体保持中性状态，而一旦住房金融、土地等政策工具进行大幅调整，往往会造成房地产市场的异常波动，如美国、日本等典型经济体房地产泡沫的出现都与在低增长阶段实行低利率政策有关。典型经济体对各项政策工具的不同使用方式及其效果为我国进行相关政策的预评估创造了条件，在出台相关政策前，可以考虑全面客观评估拟出台各项政策对房地产市场及相关领域的影响机制及效果，在预评估

基础上，对照房地产市场发展目标，审慎出台长效机制方案。

住房市场区域差异与分类调控

自 1998 年我国城镇住房制度改革以来，全国不同区域住房市场虽然发展有快有慢，表现出一定的差异性，但总体发展态势却基本一致。但 2010 年以来，不同城市住房市场走势的差异性显著变大，这突出表现在北京等一线城市房价在高位继续攀升的同时，部分三四线城市的住房却出现库存大量增加的问题，个别城市的住房价格还出现了明显回落。由于不同区域住房市场的差异在变大，近年来住房市场的调控中越来越重视分类调控、分城施策。但也要看到，到目前为止，分类调控的成效尚不明显，预期目标还没有实现。因此，有必要深入分析造成住房市场区域差异背后的主要原因，并理清不同政策工具对住房市场发展的影响，在此基础上结合本地实际确定适合本地特点的调控政策。

一、住房市场区域差异背后的主要原因

住房市场是典型的区域性市场。受区域经济发展差距、人口流动差异等因素影响，不同区域市场的走势会存在一定差异。总体来看，造成住房市场区域差异背后的原因主要来自三个方面。

一是人口流动的差异带来的住房需求差异。经济发达、就业机会多、收入高的城市人口总体呈持续较快增长态势，而经济欠发达、就业机会少、收入低的城市人口总体增长缓慢，还有一些城市出现了人口持续流出的情况。人口持续较快增加的城市住房需求量大，而人口净流出的城市住房需求会减弱。区域内人口变化情况的差异形成的住房需求差异是造成住房市场区域差异的重要原因之一。

二是新房供应量的差异。2009 年之后，不同城市的新房供应量出现较大差异。部分城市住房住房新开工面积在短时间内的过快增加显著超出了当地的实际需求，由此形成供给过剩问题。供给过剩的结果必然是价格的下降。特别是对城市经济结构单一、就业吸引力弱、收入水平较低，人口增加缓慢或人口外流的城市，新房供应量的过快增长是当地目前去库存压力大、住房价格下降的首要原因。在部分城市住房新开工面积过快增长的同时，北京等一线城市住房新开工面积、特别是商品住宅新开工面积却总体呈下降趋势，需求增加而供给下降的结果自然是

价格上涨。还有相当多的城市住房新开工面积在稳步增长后自然下降，住房市场总体处于供求均衡状态，既没有出现严重的供给过剩问题，也没有出现明显的供不应求问题，市场运行相对平稳。

三是住房市场发展阶段的差异。从较长时期观察，特定国家或区域的住房市场都会相继经历住房短缺（供不应求）和供求基本平衡阶段，此后进入更加注重提升住房质量的成熟阶段，也有部分国家或城市在住房市场发展过程中会由于政策失误等因素出现明显的价格泡沫、供给过剩等问题。根据国务院发展研究中心市场经济研究所课题组测算，2013 年我国城镇家庭户均住房达到 1.0 套，全国总体进入住房供求基本平衡的新阶段。但由于不同城市发展阶段、人口流入和新房建设等方面存在较大差异，在全国大部分城市处于供求基本平衡新阶段的同时，仍有部分城市面临住房短缺和价格过快上涨问题，也有一些城市面临较为严重的供给过剩问题。住房市场供求比较均衡的城市，通常表现为价格的温和上涨，住房市场供不应求的城市价格上涨速度较快，而供给严重过剩的城市价格下行压力较大。

二、住房相关政策对住房市场差异的影响

住房市场是受政策影响较大的市场。土地、住房金融、税收等政策的调整都会对住房市场的供给或需求产生一定影响。因此，在分析住房市场的区域差异时，还要重视分析住房相关政策调整对住房市场的区域差异带来的影响。

土地政策的差异是造成区域市场差异的主要原因。土地供应量的多少直接决定了后续新增住房供应量的多少。当住房市场处于供不应求阶段时，增加土地供应是增加未来住房供给的前提和基础，也有利于抑制住房价格的过快上涨。而如果市场面临供不应求的矛盾，但持续减少土地供应，必然会造成供不应求矛盾的加剧及由此带来的房价持续上涨。

2009 年以来，北京等一线城市的商品住房土地供应情况总体呈下降趋势，这也是造成目前新建商品住宅供不应求和房价持续上涨的主要原因所在。当住房市场总体进入供求基本平衡阶段后，如果继续大量增加土地供应，当地市场将极有可能出现由供求基本平衡快速转为供给明显过剩并带来当地住房市场较长时期的低迷。例如，一些三四线城市在 2009 年之后连续几年大量增加商品房土地供应，造成本地住房市场供给严重过剩，这也是这些城市目前去库存形势较为严峻的主

因所在。在我国现行的土地管理制度下，土地供应量的多少主要由地方政府决定，分类调控、分城施策，首先需要地方政府根据本地房地产市场发展情况确定相应的政策。

金融政策调整对区域市场的影响存在一定差异。金融政策由中央政府确定，但全国统一的金融政策对不同区域的影响却存在一定差异。统一的金融政策对不同的市场影响不同，其原因主要来自两个方面：一是不同区域的金融市场发展程度和居民金融意识存在一定差异。经济发达地区，金融业更为发达，居民金融意识强，对首付、贷款利率调整的反应非常敏感，住房金融政策的调整对经济发达地区的影响更为迅速，而中西部地区对金融政策的调整反应则相对滞后。二是不同区域住房市场供求形势的差异对住房金融政策调整的反应程度也存在较大差异。当特定市场处在供不应求时，降低利率、降低首付等政策会进一步提升居民购买力，但住房金融政策调整却无法立刻提升住房供应能力，由此造成市场供不应求状况的进一步加剧，价格涨幅加大；当特定市场供过于求时，降低利率、降低首付虽然也会提高居民购买力，但这首先表现为交易量的上升而不是价格的上升，只有交易量的持续上升改变了供过于求的状况，交易量的进一步上升才会带来市场价格的明显回升。

税收政策调整对不同区域的影响也存在一定差异。2005年以来，我国开始将税收政策作为房地产调控的重要政策选择之一。在房价涨幅较高时，提高交易环节税率以抑制投机投资性需求；在市场低迷时，降低交易环节税率以鼓励交易。需要指出的是，经济学理论已经证明，在其他条件不变的情况下，降低交易环节税率会降低均衡价格水平，提高交易量；而提高交易环节税率会提高均衡价格水平，减少交易量。从我国交易环节税率调整的实践看，提高交易环节税率时随后都出现了市场交易量的下降，而降低交易环节税率后市场交易量都出现了明显回升。由于不同城市住房市场发展阶段不同，二手房占比较高的城市，税收政策调整对市场的影响更为显著。

三、分类调控的关键和着力点

一是要准确判断区域住房市场所处的发展阶段。从发达经济体住房市场演进历程观察，住房市场具有鲜明的阶段性。住房市场的发展阶段不同，市场运行会呈现不同的特征。当住房市场发展阶段发生变化后，要继续保持住房市场的健康发展，需要根据住房市场发展阶段的变化适时调整住房市场发展目标，并对相关政策进行适应性调整。从目前我国不同区域住房市场发展态势观察，全国大部分城市总体处于供求基本平衡阶段，有个别热点城市面临供给不足和房价泡沫问题，还有部分城市面临供给过剩问题。目前区域住房市场差异的背后实际上反映出不同城市面临的问题和突出矛盾存在显著差异。分类调控、分城施策要取得预期效果，准确判断特定城市的住房市场发展阶段和面临的主要问题就非常关键。只有找准问题和原因，才能提出和实行有针对性的政策措施。

二是要摸清住房底数，做好住房规划。准备判断住房市场形势并据此采取相应政策，需要全面、准确掌握特定时点的住房市场发展情况，其中最关键的是要摸清住房底数。摸清了住房底数，结合区域人口和家庭规模等数据，才可以较为准确地判断当地住房总量是供不应求、供求基本平衡还是面临较为严重的供给过剩问题。在此基础上，进一步分析未来人口总量和结构变化趋势，如通过对人口总量和年龄结构、家庭规模变化等因素的研究，分析潜在住房需求的多少。结合特定城市当前市场供求形势和未来住房需求态势，可以相对准确地预判未来是要加大住房供应、稳定住房供应，还是要减少住房供应，为当地住房的政策干预奠定坚实的基础。需要指出的是，住房规划宜是一个动态调整的规划，要根据产业发展态势和人口流入趋势的变化做好适应性调整。

三是要更加重视土地调控对区域住房市场的影响。房价的过快上涨一定是供不应求的结果，而价格的大幅回落则意味着供过于求。从供给端观察，土地供给情况直接影响后续住房供应情况。要实现住房市场平稳运行，需要从供需两方面着手。在供给端，宜根据需求的自然增长情况确定合理的土地供应规模，既要防止土地供应不足带来的住房供应不足问题，又要防止土地供应量过大带来的住房供给过剩压力。从现行政策调控的角度观察，在所有的住房政策工具中，土地政策主要由地方政府主导，因此，分类调控、分城施策的关键是地方政府要根据本地住房市场实际运行情况和未来需求态势，结合本地住房规划，做好土地调控工作。

四是要更加重视发挥存量住房市场在稳定市场运行方面的作用。随着我国住房市场总体进入总量平衡、局部过剩的新阶段，房地产投资增速开始显著放缓，住房新开工面积开始下降，住房施工面积也即将开始下降，这是住房市场进入新阶段的正常现象。住房新开工面积的下降，意味着未来存量房交易在市场交易中的占比将稳步提高。实际上，北京等一线城市二手房交易量已明显超过新房交易量。在二手房交易量占比稳步提升的新形势下，要更加重视发挥好存量住房市场在稳定市场运行方面的作用，降低交易环节税费，引导、鼓励存量房资源的优化配置。

五是要创造稳定的金融环境。住房金融政策的调整是造成住房市场短期波动的主要原因之一，其中利率和首付的调整对住房市场的影响最大。从住房市场持续健康发展的目标出发，需要更加重视创造稳定的宏观经济环境，特别是保持物价水平的基本稳定。例如，因宏观经济环境、物价形势发生变化需要调整货币政策时，建议采取有针对性地对冲措施，防止利率调整对住房市场的冲击，可考虑实行首付和利率反向调整政策，在降低利率时，适当提高首付比例；在提高利率时，适当降低首付比例。

第三章　住房市场风险与防范

区分三种房地产风险

2003 年以来，各界一直非常关心房地产风险问题。2014 年以来，对房地产风险问题的讨论显著增多。从各国房地产市场发展历程看，房地产市场的风险主要包括房价泡沫风险、供给过剩风险和流动性风险三类。但需要指出的是，引发不同类型房地产风险的原因存在较大差异，防范和化解的思路也不同。因此，要对房地产风险情况进行准确分析、判断并提出防范和化解对策，首先需要准确区分房地产风险的不同类型。

一、房价泡沫风险的特征与成因

房价泡沫风险是各界最为关注的风险，其典型特征是房价持续较快上涨且房价涨幅显著高于同期居民收入涨幅。一旦诱发房价涨幅超过收入涨幅的短期因素发生变化，房价泡沫风险将会很快爆发。观察典型经济体房地产市场的波动历史，可以发现，全国性的房价泡沫风险通常是由不恰当的房地产金融政策，特别是低利率、低首付政策引发，而在长期低利率后持续较快上调利率则是引爆房价泡沫风险的最主要因素。与全国性的房价泡沫风险不同，个别城市的房价泡沫风险通常是由短期内大量外部资金的进入导致或与人口持续流入过程中供应量过少有关。监测房价泡沫风险最有效的指标是特定国家或城市房价收入比的多年均值，一旦特定国家或城市的房价收入比出现明显超过多年均值的情况，则可以断定居民的住房支付能力在下降，房价泡沫风险已在累积。

二、供给过剩型风险的特征与成因

供给过剩型风险是由于市场供应量明显超过需求量而形成的一种风险。与出现房价泡沫风险时房价收入比显著超过历史均值水平不同，出现供给过剩型风险时房价收入比可能并不高，甚至可能出现房价收入比低于历史均值的情况。也就是说，从房价角度观察，出现供给过剩型风险时居民可能仍有足够的支付能力。

因此，并不能通过房价收入比来判断供给过剩型风险。虽然出现供给过剩型风险时的房价可能不高，但由于供给量过大，远远超过居民的实际需要量，必然出现大量房屋无法售出的情况，从而造成房地产开发企业无法顺利回收投资，并进而引发一系列风险。供给过剩型风险实际上产能过剩在房地产领域的集中体现，这与我国在钢铁、造船和光伏等行业存在的产能过剩问题基本一致。监测供给过剩型风险需要重点关注两类指标，监测中长期的供给过剩要关注特定城市的户均套数指标，监测短期的供给过剩则应重点关注人口结构变化和居民收入情况。需要指出的是，虽然住房不可移动，但人口却是可以流动的，一旦特定城市出现经济萧条等情况引发人口外流，则户均住房套数将会增加，从而出现一种特殊形式的供给过剩，美国的底特律市就是一个典型的例子。

三、流动性风险的特征与成因

房地产业是开发周期相对较长的资金密集型行业，也是典型的高杠杆行业。房地产业的这种特点决定了房地产开发企业在整个开发周期中的资金来源对外部依赖性大，一旦资金来源出现问题，极易诱发流动性风险。从房地产业的资金来源看，不论是房地产开发企业从事房地产开发，还是消费者购房住房，大都需要银行信贷的支持，因此，银行信贷政策的调整会对房地产行业的流动性带来较大影响。例如，银行限制对房地产开发企业的贷款，将会直接影响房地产开发企业的开发能力和开发进度；因宏观环境变化等原因持续上调利率，将会影响购房人的支付能力进而减少购房贷款需求和购房需求，开发企业的资金回笼就会受到较大影响。对房地产业流动性风险进行监测的最有效指标是监测其资金来源和资金运用两项，一旦资金运用持续超过资金来源，流动性的风险将显著加大。

房地产金融政策调整引发的流动性风险可能在房地产市场其他运行指标基本正常的情况下发生，也可能出现与房价泡沫风险、供给过剩型风险的叠加。一般来说，单纯由房地产金融信贷政策调整引发的流动性风险较为容易化解，只要金融信贷政策回归正常，流动性风险将会较快缓解。但是一旦出现流动性风险与房价泡沫风险、供给过剩风险叠加的情况，则房地产风险的化解通常需要较长时间。例如，20 世纪 90 年代，我国海南省出现的房地产风险之所以冲击大、持续时间长，就是因为房价泡沫风险、供给过剩风险和流动性风险在短期内叠加。1992 年和 1993 年上半年海南省房价出现巨幅上涨，由于房价涨幅显著超过同期居民收入涨幅形成房价泡沫，而巨幅上涨的房价吸引了房地产投资的大量增加，房地产的供给短期内大大增加，市场供求形势出现逆转。1993 年为防止经济过热，国家从紧进行宏观调控，在金融信贷政策等方面出台了一系列调控措施，房地产开发企业的资金来源受到显著影响，房价过快上涨形成泡沫、供给量快速增加和金融信贷政策收紧三方面因素的共同作用造成海南省房地产风险的集中爆发。

四、如何防范房地产风险

只要理清了房地产风险的不同类型及成因，就可以有针对性地防范和化解各种类型的房地产风险。需要指出的是，房地产风险一旦爆发就会形成较大冲击，因此，对房地产风险问题，要将重点放在防范上面。防范房地产风险，需重点把握四个方面。一是实行中性的住房金融政策。房地产金融政策、特别是信贷政策的大幅调整对房地产市场影响较大。要保持房地产市场的稳定运行，就要保持房地产信贷政策基本稳定，为此，应尽可能实行中性的房地产金融政策，既不鼓励、也不抑制对房地产开发企业的开发贷款和对居民的住房消费贷款。例如，因宏观经济变化而调整货币政策、特别是利率政策时，要采取有效措施对冲利率调整对房地产市场的影响，可实行首付与贷款利率反向调节政策，在下调利率时适当增加首付比例，向市场传递中性的住房金融政策信号。二是要着眼于特定地区人口总量、结构变化趋势及人口流动情况，做好供应管理，既要防范供给过剩型风险，也要防范因供给不足而造成的房价过快上涨。三是要做好对投机性购房的有效管理。四是要建立房地产监测指标体系。要针对不同类型房地产风险的成因，建立相应的监测指标体系，准确判断、及早发现房地产风险，一旦监测指标出现异常变化，及时采取相关应对措施，防止房地产风险的扩大和蔓延。

如何认识房价收入比

房价收入比是各界对房地产市场形势进行分析、判断和预测时广泛使用的一个指标。在媒体和许多学术文章中经常将"3～6 倍"或"4～6 倍"作为各国房价收入比的合理标准。但当利用国际上的"合理标准"来判断国内房地产市场变化时，却并不能很好地解释和预测国内房地产市场的变化。事实上，当利用"3～

6 倍"的合理标准去分析和判断国际上许多国家或地区的房地产市场时，也往往不能得到理想的结果。例如，国际金融危机发生前美国房价最高时的房价收入比也没有超过 5 倍，仍处在所谓的"合理标准"范围内。显然，有必要对房价收入比这一指标进行更为深入地分析。

一、房价收入比是什么

房价收入比，一般定义为一套住房的价格是一个家庭年收入的多少倍。房价收入比是大多数国家和国际组织进行住房支付能力评价时所采用的主要指标。不同机构对房价收入比的定义略有差异。联合国对房价收入比的定义是住房市场价格的中位数和家庭年收入的中位数之间的比值；世界银行对房价收入比的定义则是住房市场价格的平均数和家庭年收入的平均数之间的比值。两种计算方式得到的结果有所差异，据测算，一般情况下采用中位数定义得到的房价收入比计算结果约为平均数定义下的 1.2 倍。房价收入比指标的最大优点是计算简便、含义直观，而其最大缺点和应用难点则是难以准确确定合理区间。世界银行于 1998 年对 96 个国家房价收入比进行了统计，结果表明，各国房价收入比差异很大。在 96 个国家中，房价收入比的最大值为 30.0 倍，最小值只有 0.8 倍，总体均值水平为 8.4 倍。即便在一个国家内，不同区域房价收入比的差距也是巨大的。以美国为例，美国的房价收入比多年均值为 3.5 倍左右，而一些大城市的房价收入比超过 6 倍，也有一些城市的房价收入比低于 3 倍。

虽然各国经济发展水平、人口状况、资源禀赋条件等差异很大，房价收入比并不存在一个绝对化的合理区间。但排除计算上的误差，以及各国住房和土地使用政策、对自有住房的偏好等因素的影响后，仍然可以观察到两个特点：一是房价收入比一般随着经济发展水平和家庭收入水平的提高而逐渐降低；二是大城市的房价收入比一般明显高于中小城市的房价收入比。

二、如何确定房价收入比的合理标准

从各国房价收入比的横向比较看，虽然并不能得出"3～6 倍"或""4～6 倍"是房价收入比的"合理标准"，但房价收入比仍然是判断住房支付能力效果最好的指标，仍然需要研究如何确定房价收入比的合理标准。

　　房价收入比本质上反映的是特定国家或地区土地和劳动力两种要素价格的比例关系。由于不同国家或地区土地和劳动力的资源禀赋不同，这就决定了不能简单地用某一个国家或地区的房价收入比作为判断另一个国家或地区房价是否合理的标准。当理解了房价收入比的本质后，就会比较容易解释为什么大城市的房价收入比会显著高于中小城市。同样的，也可以推论出人多地少的国家，其房价收入比一般会高于人少地多的国家。

　　由于不同国家或地区经济发展水平、人口状况、资源禀赋条件等存在较大差异，简单地套用某个国家（地区）的指标或多个国家（地区）的平均数并不能很好地反映本国（地区）房地产市场的发展情况。但对同一国家或同一地区来说，其房价收入比的历史均值水平对于判断房地产市场形势却具有重要意义。一国或一个地区房价收入比的多年均值水平较好地反映了当地居民的住房购买偏好，可以避免不同国家（地区）因资源禀赋差异、住房购买偏好、住房政策等方面差异的影响，因此可以将特定国家或地区房价收入比的多年均值水平作为判断其房地产市场处于正常状况的标准，而将明显偏离均值水平（明显偏高或明显偏低）时的状况判断为出现房地产泡沫或萧条。当采用特定国家或地区房价收入比的多年均值作为合理标准后，就能够较好地判断、解释和预测不同国家或地区房地产市场的发展状况。

　　以美国为例，美国房价收入比在 20 世纪 90 年代基本保持稳定，最近十余年则经历了一次较为剧烈的起伏。从全国情况看，2000 年以前房价收入比稳定在 3.5 倍左右，2001 年以后由于低利率推高了住房价格造成房价收入比持续攀升，至 2005 年达到最高值 4.7 倍。由于房价收入比显著高于历史均值水平，表明住房市场的支付能力风险在加大。2004 年后美联储连续 17 次提高利率，居民住房支付能力明显下降，由此引爆了次贷危机。国际金融危机发生后，随着住房价格的明显回落，房价收入比又经历了一轮快速下降过程。具体考察美国国内的各城市情况时，部分热点城市（以东、西海岸城市为主）房价收入比的整体趋势与全国类似，但变化更为剧烈。例如，西海岸加利福尼亚州洛杉矶、旧金山、圣地亚哥等城市是美国房价收入比最高的地区。2000～2006 年，这些城市的房价收入比普遍提高了近一倍，最高峰时普遍超过了 10.0 倍。但 2007 年以后，这些城市的房价收入比急剧下降，至 2009 年已经回落至 6.0 倍左右，虽然仍显著高于前述全国平均水平，但已经接近这些城市自身的多年平均水平。近两年来美国房地产市场回暖的一个重要原因就在于经过 2008 年以来房价的大幅调整,美国的房价收入比再次回到历史均值水平附近,而极低的利率水平又进一步对房价形成支撑。当用房价收入比的多年均值作为合理标准后,也可以很好地解释国内房地产市场的变化情况。

三、房价收入比能预测房地产市场的风险吗

使用房价收入比的目的是对房地产市场运行情况进行判断和预测。但也要看到,房价收入比指标只是评价购房人支付能力的一个指标,因此,用房价收入比指标只能较好的判断与住房支付能力有关的房地产风险,而并不能对房地产市场面临的其他风险进行判断和预测。不论是从美国等典型经济体房地产市场的发展历程看,还是从 1998 年以来我国房地产市场的运行情况看,即便在房价收入比比较正常的情况下,也曾在一段时间内出现过整体或局部的房地产风险问题。因此,利用房价收入比判断房地产风险,首先需要区分房地产风险的不同类型,不宜简单根据房价收入比的变化情况来判断整体的房地产市场风险情况。

如何判断房价的合理水平

2003 年以来,国家出台了一系列房地产调控政策,以遏制部分地区房价过快上涨势头,使房价回归到合理水平。但房价的合理水平如何确定,目前各界在认识上还存在较多差异,有必要对房价合理水平的判断标准进行讨论和研究。

一、判断房价合理水平的主要指标

从国际经验看,在判断房价的合理水平方面,主要采用三类指标。

1. 通过房价收入比判断房价的合理水平

房价收入比,一般定义为一套住房的价格是一个家庭年收入的多少倍。借助房价收入比来评价房价合理性,就是计算出房价收入比之后,再看它是否大于某个数值。如果大于某个数值,就说明房价过高;如果小于或等于某个数值,就说明房价不高。由于具有计算简便、含义直观等优点,房价收入比目前是大多数国

家和国际组织进行住房支付能力评价时所采用的主要指标。房价收入比虽然具有
计算简便、含义直观的特点，但其最大缺点和应用难点则是难以准确确定合理区
间。很长一段时间里，我国学者经常引用"4～6 倍"作为"国际标准"，但事实
上，由于各国经济发展水平、人口状况、资源禀赋条件等差异很大，房价收入比
并不存在一个绝对化的合理区间。即便从世界银行的调查情况来，各国房价收入
比的差距也是巨大的（表1）。而美国次贷危机爆发前全国房价收入比的最高值也
没有超过 5 倍，仍处于"4～6 倍"的所谓"国际标准"区间内。

表1　1998 年世界各国房价收入比：按家庭收入水平分组

家庭收入水平/美元	样本国家数/个	房价收入比均值	房价收入比标准偏差	房价收入比最大值	房价收入比最小值
0～999	11	13.2	6.2	30.0	6.3
1 000～1 999	25	9.7	6.8	28.0	3.4
2 000～2 999	12	8.9	7.6	29.3	3.4
3 000～3 999	12	9.0	5.4	20.0	2.1
4 000～5 999	12	5.4	2.4	12.5	3.4
6 000～9 999	9	5.9	2.3	8.8	1.7
10 000 以上	15	5.6	2.9	12.3	0.8
合计	96	8.4	5.9	30.0	0.8

　　从本质上说，房价收入比反映的是特定地区土地和劳动力两种资源的价格关
系，由于不同国家、不同区域之间的土地和劳动力两种要素的资源禀赋存在较大
差异，不同国家、不同区域之间房价收入比存在较大差异有其必然性。但对特定
国家或特定城市来说，由于其资源禀赋条件是确定的，用房价收入比的多年均值
可以大体反映土地和劳动力两种要素的长期价格关系，而一旦房价收入比偏离多
年均值，则通常预示着短期内房价出现了异常变化。例如，美国在 2004 年之后全
国的房价收入比开始明显高于历史均值水平，出现较为明显的泡沫迹象，这也是
美国 2007 年爆发次贷危机的根本原因。

　　需要指出的是，虽然土地不可流动，但人口是可以流动的，人口的流入或流
出会改变地价和劳动力价格的比价关系。从美国各个城市的房价收入比的比较看，
城市的房价收入比越高，其人口流入就越集中，如洛杉矶、圣地亚哥、檀香山、
旧金山等地的房价收入比显著高于全国的平均水平。但即便如此，这些城市的房

价收入比均值也具有重要意义，2004 年之后，这些城市的房价收入比也快速上升，并在次贷危机爆发后再次回落。

2. 通过住房可支付性指数判断房价的合理水平

住房可支付性（housing affordability index，HAI）指数是美国房地产经纪人协会（national association of realtors，NAR）最早提出的一种住房支付能力评价方法，后来被许多机构所采用，已经成为国际范围内的一种重要的住房支付能力评价指标。与"房价收入比"等指标相比，HAI 指数的测算结果具有自明性，即不再需要对其"合理"区间进行讨论。同时，HAI 指数测算过程除考虑住房价格和居民收入外，还引入了住房抵押贷款利率等重要因素，更贴近居民家庭的真实购房行为，也有助于分析居民家庭获得的优惠条件贷款等金融支持的作用。HAI 指数以各城市中的中位数收入家庭作为"代表性个人（家庭）"，以其对同一时期内市场中中位数价位住房的支付能力，作为该城市居民整体住房支付能力的表征。具体而言，根据家庭中位数收入及合理的住房消费比例（家庭住房消费支出占收入的比例）上限，可求得该家庭可承受的最高房价 P，再将其与该城市住房的实际中位数价格 P' 进行比较，即

$$HAI = P/P' \times 100$$

HAI 指数等于 100，说明中位数收入水平的家庭正好能够承受中位数价格的住房，居民具有充足（正常）的住房支付能力；HAI 指数大于 100，说明居民家庭能够承受更高价格的住房，居民住房支付能力很强；HAI 指数小于 100，说明居民家庭只能承受更低价格的住房，居民住房支付能力不足。

虽然 HAI 指数可以较好地反映处于收入中位数家庭的住房支付能力，但该指数处于正常区间，并不代表房地产市场就不会出现问题。例如，根据 NAR 的统计，美国 2006~2008 年的住房可支付性指数分别为 106.1、118.1 和 128.6，总体处于正常水平，但在这一期间美国发生了次贷危机并成为 2008 年全球金融危机的导火索。次贷危机发生的根源在于银行向支付能力不足的人群发放了大量住房贷款，在贷款利率持续上升造成还款额明显增加后，由于这些人群收入较低，必然会出现违约情况。

3. 通过房价租金比或租售比判断房价的合理水平

一般来说，房地产市场中的房屋供求关系在售价和租价上应该是一致的，当

房屋供不应求时，二者都会上涨。如果房地产市场投机需求成分过多，房屋售价这个指标可能就会被扭曲，无法反映正常的房屋供求关系，此时房屋租价一般比较客观。因为买房可能存在投机的成分，租房则属于实际的居住行为。因此，综合考虑房屋销售价格和租赁价格的增长及其对比分析对测定房地产市场是否存在泡沫非常有效。对比房价租金比的历史时间序列，如果发现其基本维持在历史均衡水平，说明当地的房地产市场处于均衡水平，房价基本处于正常水平；如果房价租金比远远高于历史均衡水平，说明当地的房地产价格被严重高估，缺乏增长潜力；如果房价租金比低于历史均衡水平，说明当地的房地产价格被低估，具有一定的增长潜力。租售比与房价租金比比较相似。通常所说的租售比，是指每平方米建筑面积的月租金与每平方米建筑面积的房价之间的比值，也有一种说法认为是每个月的月租与房屋总价的比值。房屋租售比这个概念是国际上用来衡量某地区楼市运行是否良好的指标之一。国际标准通常为 1∶200 到 1∶300，比值越高，说明房价中的投资需求越大。需要指出的是，房价租金比与住房市场发展阶段和利率水平等因素有关，房价租金比的经验值更适合住房市场进入成熟期后的市场情况。

二、对目前我国房价水平的总体分析和判断

由于房价收入比可以直接反映房价相对收入的变化情况，加之其他指标缺乏数据支撑，本章利用 1998 年以来房价收入比的数据对目前我国房价的总体水平进行判断。

（1）用特定区域房价收入比的多年均值作为评价房价合理水平的指标。由于住房是不可贸易品，房价在很大程度上是特定区域地价的反映，考虑到房价收入比实际反映的是特定区域土地和劳动力两种资源的相对价格关系，因此评价一个国家或城市的房价水平是否合理，不宜用一个国家或地区的房价收入比去评估另一个国家或地区的房价收入比，而应根据特定区域房价收入比的多年均值作为评价房价水平是否合理的标准。由于我国缺少房价中位数和居民收入中位数[①]的数据，也没有全部住宅交易价格的数据，本文采用新建住宅销售价格的平均数作为房价的平均数，并根据城镇人均可支配收入和户均人口数据测算城镇居民家庭年

---

① 我国 2011 年才公布居民收入中位数的数据。

收入的平均数。本文使用房价收入比的基本算法是：房价收入比=（当年新建商品住宅销售均价×100）/（当年城镇居民人均可支配收入×当年城镇户均人口），即本章使用的房价收入比的含义是，用城镇居民户均可支配收入购买一套建筑面积100平方米、价格相当于当年新建住宅销售均价的住房需要多少年。

（2）用房价收入比指标衡量，我国房价的总体水平尚处于合理范围之内。从1998年以来城镇新建商品住宅销售均价和城镇人均可支配收入的变化情况看，2011年，城镇人均可支配收入为1998年的4.0倍，城镇商品住宅销售均价为1998年的2.8倍，城镇人均可支配收入增速明显高于城镇新建商品住宅销售均价增速。1998年以来，全国城镇的房价收入比均值为9.2倍，2011年的房价收入比[①]为8.0倍（图1），低于1998年以来的均值水平，且2011年的房价收入比仅略高于2008年的房价收入比。用房价收入比指标衡量，从全国来看，目前全国城镇新建商品房的销售均价是有收入水平支撑的，房价总体水平尚处于合理范围之内，而无法得出目前全国城镇房价存在全局性泡沫的结论。

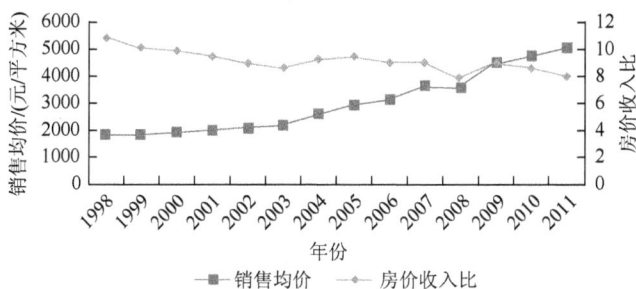

图1　全国城镇新建商品住宅销售均价和房价收入比

资料来源：根据国家统计局和WIND资讯相关数据测算

（3）用房价收入比指标衡量，北京等部分城市的房价显著高于正常水平。虽然用房价收入比指标衡量，全国的房价水平尚处于正常范围内，但必须看到，房地产市场是典型的区域性市场，用房价收入比指标来衡量北京等部分热点城市的房价，可以发现，北京等部分城市的房价收入比显著高于其历史均值水平，房地产泡沫较为明显。以北京为例，2001~2006年，北京市房价收入比均值为11.88倍。从2007年开始，北京的房价收入比快速上升，2007~2009年房价收入比均值为17.35倍，显著高于此前6年的均值水平。2010年，由于北京新建住宅销售均价

[①] 1998~2011年，城镇户均人口呈下降趋势，1998年户均人口为3.16人，2011年户均人口按2.87人测算。

上涨了 29.7%，北京的房价收入比高达 21 倍，为 2000 年以来的最高水平。随着政府一系列调控政策的实施，2011 年，北京新建商品住宅销售均价回落到 15518 元/平方米，较 2010 年下降了 9.5%，2011 年北京市城镇人均可支配收入为 32 903 元，较 2010 年增长了 13.2%，由于收入较快增长，房价有所回落，2011 年北京市的房价收入比回落到 17.4 倍，但仍显著高于 2001～2006 年的均值水平，北京市的房价仍需进一步向合理水平回归（图 2）。

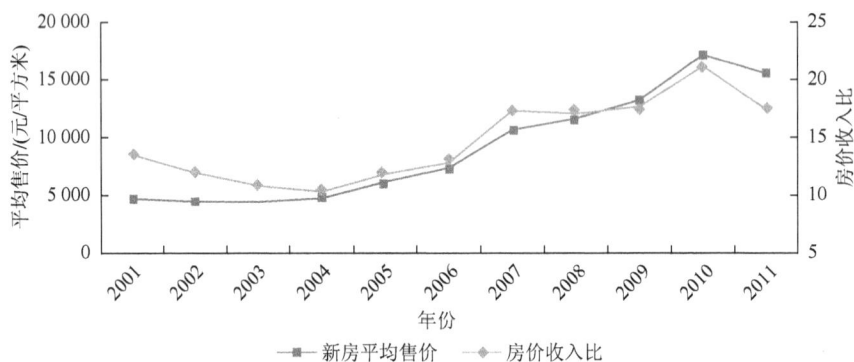

图 2　2000～2011 年北京新建商品住宅销售均价与房价收入比
资料来源：根据北京市统计局和 WIND 资讯相关数据测算

1999～2008 年，上海市的房价收入比均值为 10.5 倍，但在 2003 年之后出现了小幅上升，2008 年回落到 10.24 倍，2009 年大幅上升到 14.6 倍，2010 年进一步上升到 15.5 倍，比其历史均值水平高出 47%。2011 年，通过实施限购政策等措施，上海市新房销售均价较 2010 年下降了 5.9%，房价收入比回落到 12.8 倍，但仍较历史均值水平高 22%。总体来看，北京等部分热点城市的房价状况与全国存在较大差异，不同热点城市偏离其房价正常水平的程度也存在一定差异。

三、政策建议

房价保持在合理水平，不仅对房地产行业的持续健康发展有利，还对持续改善居民居住条件有重要意义。建议在加强和完善房地产市场监测基础上，出台评价房价合理水平的标准或指标体系，全面总结调控政策效果，研究形成有利于房地产市场健康发展的长效机制。

（1）进一步加强和完善对房地产市场的监测。准确、全面、具有持续性的监测数据是对房价合理水平做出准确判断的前提和基础。建议在现有统计基础上，进一步加强和完善相关数据的监测和发布工作。一是加强对房价实际水平的监测，监测并公布房价的平均值、中位数等指标，由于房地产市场既包括新房市场也包括二手房市场，监测的房价数据也应包括新房价格和二手房价格，并应采取有效措施，确保所监测的二手房价格的准确性；二是加强对房价租金水平的监测，监测并公布整个城市及城市内重点区域租金价格的平均值和中位数；三是加强对住房市场供给情况的监测，监测并公布待售房套数、闲置房套数等数据。

（2）研究确立评价房价合理水平的指标体系。目前，我国虽然明确提出了房价向合理水平回归的目标，但尚未出台评价房价合理水平的标准。建议在加强和完善相关数据监测基础上，借鉴国际上房价收入比等指标的测算方法，在明确房价收入比、住房可支付性指数和房价租金比等指标含义和测算方法的基础上，对 1998 年以来房价收入比等各指标的变化情况进行测算，并在此基础上建立以房价收入比为核心指标、以住房可支付性指数和房价租金比为参照指标的评价体系。

（3）全面总结各项政策对房地产市场的影响，研究建立有利于房地产市场持续健康发展的长效机制。从美国、日本和中国香港等国家或地区房地产市场发展的历程看，一旦房价明显偏离正常水平，一定会出现向正常水平的回归，而回归过程必然会对房地产市场乃至整个经济带来重大冲击。近年来，为遏制部分城市房价过快上涨势头，防范房地产泡沫风险，我国已采取包括信贷、税收、限购、调整供给结构等各项措施对房地产市场进行调控，建议全面、客观总结各项政策对房地产市场的影响，在此基础上，形成有利于保持房地产市场平稳健康发展的长效机制。

如何区分房价的正常上涨与房地产泡沫

房价问题始终是各界关注的热点问题。由于美国、日本和中国香港地区都曾出现过房地产泡沫，房地产泡沫破裂又都对这些经济体的住房市场和宏观经济带来较大冲击，长期以来各界都非常关注房价上涨引发的房地产泡沫问题。问题在于，虽然典型经济体发生房地产泡沫阶段都出现了明显的房价上涨，但是否房价涨幅较快就一定会出现房地产泡沫？究竟多大的涨幅会出现房地产泡沫？如何区分房价的正常上涨与房地产泡沫？本文将就这些问题展开讨论。

一、如何判断房价上涨是否正常

　　观察美国、日本、德国和中国香港地区等典型经济体房地产市场波动和房价波动的历史，可以发现，这些典型经济体在近50年内都曾经历过房价涨幅较高的阶段。例如，日本在1960～1975年，土地价格年均增幅为12%，同期居民可支配净收入和名义人均GDP年均增幅分别为15.75%和15%，这一时期房地产市场运行基本正常。而在1986～1990年，日本地价年均涨幅达到50%，而同期收入涨幅只有6.4%，房价涨幅显著高于收入涨幅，出现较为明显的房地产泡沫。美国2001～2005年，房价年均上涨8.7%，同期收入涨幅不到4%，房价涨幅明显高于收入涨幅，形成房地产泡沫。显然，出现房地产泡沫一定会表现为房价的较快上涨，但房价的较快上涨并不必然出现房地产泡沫。判断房价上涨"正常"与否的关键在于同时观察房价涨幅与收入涨幅，如果房价涨幅明显高于收入涨幅，可以认为房价上涨存在泡沫成分，不具备可持续性。从发展阶段观察，由于大多数国家都经历过经济较快增长阶段，在这样的发展阶段，房价涨幅通常较高，但由于这一时期居民收入总体处于较快增长阶段，房价收入比总体仍保持稳定，房地产市场运行仍会比较正常。显然，在居民收入涨幅较高阶段的房价较快上涨同美国、日本等国发生房地产泡沫时收入涨幅较低时的房价上涨存在显著差别。

二、房地产泡沫阶段的房价上涨与正常的房价上涨有何区别

　　如果房价涨幅明显超过收入涨幅而形成房地产泡沫，那究竟是什么因素支撑房价涨幅超过收入涨幅呢？从影响房价波动的主要因素观察，主要有三类因素可以在短时期内造成房价涨幅明显超过收入涨幅。

　　一是低利率政策。由于住房价格一般显著高于居民的年收入，购买住房通常需要借助银行信贷的支持，银行信贷政策调整特别是利率政策的调整会直接影响居民的购买能力，进而对住房市场的需求和房价的波动产生影响。当贷款利率上调时，购房者获得同样额度贷款金额的月供支出将增加，如果购房者的月供能力不变，就只能减少贷款金额，这会降低购房者的支付能力，进而对住房需求和房价上涨形成抑制作用。当贷款利率下调时，购房者在月供金额不变的情况下，可以获得更高的贷款金额，即购房支付能力将提高，这会增加市场需求并推高住房

价格。从美国、日本和中国香港的住房市场变化和政策变化情况来看，较长时间维持低利率是房价大幅上涨并产生房地产泡沫的主要原因。以日本为例，从 1986 年初至 1987 年 2 月，贴现利率从 5% 降到 2.5%，并一直维持到 1989 年 5 月 31 日，这在很大程度上导致了这一阶段房价的快速上涨和泡沫快速积累。从美国的情况来看，2001 年前后，美国经济因网络股泡沫破裂而陷入衰退，美联储采取了持续降息的金融政策以刺激经济。从 2001 年 1 月 3 日到 2003 年 6 月 25 日，美联储13 次降息，使联邦基金利率（即银行间隔夜拆借利率）降至 1%，为 40 年来最低点，且一直保持到 2004 年 6 月 30 日，利率的大幅下降大大刺激了住房消费。由于金融支持力度较大，低利率、低首付等政策造成购房人支付能力短期内大幅提高，从而使美国住房交易量和房价出现空前的上升，泡沫快速积累。美国、日本发生房地产泡沫阶段的房价上涨，主要是低利率政策造成居民的支付能力短期内明显提高，但居民收入在房价上涨过程中并没有显著增加，房价大幅上涨的结果是房价收入比不断提高并显著高于历史均值水平。单纯由低利率推动的房价上涨由于缺乏收入增长的支撑，一旦低利率政策结束，利率大幅升高必然造成居民支付能力的下降，并由此导致房价的大幅回落和房地产泡沫的破灭。例如，1989 年5 月底，日本央行选择提高官方贴现率，并在之后一年多的时间内（1989 年 5 月31 日至 1990 年 8 月 30）将贴现利率从 2.5% 迅速提高到 6%，结果刺破泡沫，导致包括土地在内的各种资产价格大幅下跌。而美联储从 2004 年 6 月 30 日到 2006年 6 月 30 日的两年内连续 17 次加息，利率水平总计上升了 4.25 个百分点。利率大幅上调成为美国次贷危机爆发的直接诱因，并随之出现房地产销售量的骤然下降和房价的大幅下跌，并由此引发了全球金融危机。

二是供给量过少推高房价。房价的波动归根结底是供求关系变化的结果。低利率政策会造成购房人短期内支付能力提高从而推高房价，而供给量过少会因为供应不足而推高房价。以中国香港为例，从 1985 年开始，政府出台了"每年供地规模不超过 50 公顷"的政策规定，这是 1985~1994 年香港房价较快上涨的重要原因之一。与低利率政策引发的房地产泡沫不同，供给量过少造成房价涨幅过快时成交量是减少的，一些大城市房价涨幅过高背后经常可以发现市场可售房源的不足。需要指出的是，只要供给不足的情况未根本改变，房价过高的状况通常会维持的时间长一些，而一旦供应量明显增加后，房价也会向正常水平回归。

三是投机性购房比例过大会在短期内显著推高特定城市的房价。房地产既有居住属性，也有投资品的特征。投机性购房一般出现在个别城市，通常由于短期内政策等因素变化引发投资者过分看好特定城市的未来发展预期而大量进入该城市，从而造成房价涨幅短期内显著高于当地居民收入涨幅。而一旦外来资金停止进入，过快上涨的房价由于缺少收入支撑一般会明显回落。

三、如何防范房地产泡沫风险

准确区分房价较快上涨与房地产泡沫不仅有助于更好地分析、判断房地产形势，还有助于针对房地产泡沫风险的不同成因，采取针对性的政策，防范房地产泡沫风险。其中，最重要的是，要认清住房金融政策对房地产市场波动的影响，尽可能实行相对稳定的、中性的住房金融政策，防范金融政策调整对房地产市场的冲击。对特定城市而言，要更加重视根据人口和经济发展等因素做好供需管理。

化解房地产库存的重点和建议

2012 年以来，全国商品房待售面积持续大幅增长，到 2015 年 11 月末，已高达 69 637 万平方米。库存过高不利于房地产市场稳定运行和整个国民经济健康发展。中央经济工作会议明确提出要化解房地产库存，并提出从加快农民工市民化、鼓励自然人和机构投资者购买库存商品房等方面消化房地产库存。由于目前我国房地产市场发展阶段已发生重大变化，2015 年以来房地产市场运行态势也出现新的特征，要采取有针对性的政策措施有效化解房地产库存，有必要对当前房地产库存形势和未来趋势做出客观判断，并根据房地产库存过高的成因和难点，找准化解库存的重点和路径。

一、商品房待售面积虽持续增加，但积极信号已有所显现

虽然 2015 年以来商品房待售面积总体仍呈增加趋势，但也要看到，有利于库存下降的信号已有所显现。

一是商品房销量开始回升，特别是住宅销量回升较为明显。2014 年第四季度以来，持续降息、降低交易环节税费、降低首付等政策提高了居民购房支付能力，特别是降低了改善型需求购房者的成本，房地产销量逐步企稳回升，2015 年 1～

11 月全国商品房销售面积 109 253 万平方米,同比增长 7.4%,其中住宅销售面积同比增长 7.9%。由于商品房销量回升,待售房面积增量已开始放缓。2015 年前 11 个月待售房面积净增加 7468 万平方米,较 2014 年前 11 个月待售房面积增量 10500 万平方米减少了 3032 万平方米。

二是新开工面积和土地购置面积持续下降,后续供给压力将有所减轻。2013 年全国房屋新开工面积达到 20.12 亿平方米的历史峰值,2014 年新开工面积较 2013 年下降 10.7%,2015 年前 11 个月房屋新开工面积又较 2014 年同期下降 14.7%。2014 年以来,土地购置面积也持续下降,2015 年前 11 个月土地购置面积同比下降 33.1%。由于反映后续供应能力的土地购置面积和新开工面积都出现大幅下降,后续的新增供给量将会减少,房地产库存压力也会有所减弱。

三是住房库存过高的风险将趋于缓解。由于目前住房金融、税收等方面的政策有利于提高居民支付能力,且目前全国的房价收入比明显低于 1998 年以来的均值水平,预计 2016 年住房销售回暖的情况将可以保持。考虑到住宅新开工面积降幅较大,预计 2016 年住宅待售面积将会出现回落,库存高企的情况有望得到缓解。目前住宅待售面积占商品房待售面积的 64% 左右,住宅待售面积的回落将有助于逐步降低房地产库存。

虽然有利于降库存的一些积极信号开始显现,但由于部分城市房地产供给过剩问题十分突出,库存难以在短期内恢复到正常水平,对此仍要有充分准备。

二、准确把握房地产去库存的关键和重点

自 2014 年第四季度以来,金融、税收等方面的政策调整对促进住宅销售发挥了重要作用,2015 年下半年以来,各月的商品住宅销售量都已达到历史同月的最高值,2015 年前 11 个月商品住宅销售额已达到历史同期最高水平,总体判断目前住房市场的销售已恢复到正常水平。随着我国城镇户均住房超过 1.0 套,住房市场从供不应求转向供求总体平衡、局部过剩,期待住房市场销售量在目前的规模上再大幅度增长既不现实,也不可持续。新的阶段,房地产去库存的关键和重点要放在三个方面。

一是要继续通过降供给来降低库存过大的压力。2010 年以来,我国房屋新开工面积较此前大幅增长,2010~2013 年房地产开发企业房屋年均新开工面积高达 18.34 亿平方米,是此前房屋新开工面积高峰 2009 年的 1.6 倍。2010 年以来,房

屋新开工面积的过快增长是造成近两年房地产库存快速上升的主要原因。按照正常的建设周期计算，前期大规模开工建设的房屋从 2014 年开始相继进入竣工期，这一过程将持续到 2018 年，即未来几年房地产市场供求形势会进一步宽松。虽然 2014 年以来新开工面积和土地购置面积已有所下降，2015 年以来房屋销售总体呈回暖态势，但目前房屋新开工面积仍高于销售面积，考虑到未来两年仍是房屋竣工面积的高峰期，房地产去库存的压力仍非常大，未来几年通过降供给来缓解库存过大的压力仍是首要选择。

二是要重点解决商业营业用房等非住宅项目库存过高的问题。2015 年 11 月末，商业营业用房待售面积较 10 月增加 318 万平方米，包括商业营业用房和办公楼在内的所有非住宅项目的待售面积高达 25 544 万平方米，相当于 2014 年全年非住宅销售面积的 1.65 倍。商业营业用房的购买主体是企业，受经济增速回落、企业效益持续下降影响，企业购买商业营业用房的能力受到较大影响，加之电子商务快速发展也在一定程度上挤压了商业营业用房的需求，商业营业用房等非住宅项目的去库存难度显著大于住宅去库存的难度，需要采取有效措施加以解决。

三是要通过释放改善型需求，鼓励住房的梯度消费来稳定住房销售。虽然住房销售开始回暖，但去库存的压力仍然较大，仍需要采取有效措施稳定住房销售。我国城镇化率还有较大提升空间，家庭规模小型化也会提升住房市场需求，已有住房的居民大多仍有进一步改善居住条件的愿望，我国稳定住房销售仍具备有利条件。中央经济工作会议提出的"要按照加快提高户籍人口城镇化率和深化住房制度改革的要求，通过加快农民工市民化，扩大有效需求，打通供需通道，消化库存，稳定房地产市场"具有重要意义，有利于农民工更好地融入城市。但也要认识到，新进城农民和新就业人口支付能力相对较弱，而新建商品住房面积相对较大，要解决好农民工和新就业人员的住房问题，需要更加重视将新房市场和二手房市场打通，释放改善型需求，鼓励梯度消费。目前我国城镇户均住房已超过1.0 套，住房已由总量不足转为供求总体平衡、局部过剩，如果能够有效释放改善型需求，改善型需求购房者通过"卖旧买新、卖小买大"不仅可以持续改善自身住房条件，加快房地产去库存进度，而且可以为进城农民和新就业人员提供更多交通、生活等综合配套设施完善的住房，也才能从根本上实现持续改善居民住房条件和实现市场稳定运行的双重目标。

三、妥善化解房地产库存过高问题的具体建议

一是未来几年仍要适当收紧土地供应规模，特别是要减少商业营业用房的土地供给。降供给是降库存的首选，减少土地供给是实现降供给的保障。对商品房、特别是商业营业用房等新增供应量过大和去库存周期过长的城市，建议严控新增房地产用地规模，通过适当减少土地供应量逐步解决房地产供应量过大问题，防止产能过剩问题在房地产领域蔓延。对各类保障房建设项目，也要引导地方政府做好评估，合理确定棚户区改造等保障房建设的规模，防止出现保障房空置问题。对商品房库存量过大、保障房空置率过高的地区，宜严格限制新增保障房用地供给。

二是大幅下调或取消二手房交易环节的各种税费，鼓励梯度消费。二手房交易环节征税的目的是限制买卖交易，这在市场供不应求时有一定合理性。但随着市场供求关系变化，继续实行此政策的弊端日益显现。虽然 2015 年以来二手住宅交易环节的税费已有所降低，但进一步下调的空间仍然较大，而商业营业用房等非住宅类交易环节税费过高的情况尚未改变。建议进一步下调二手房交易环节的各种税费，特别是要降低商业营业用房等非住宅类的交易环节税费，降低购买成本，鼓励梯度消费，扩大市场需求。

三是进一步完善住房金融服务体系。居民住房消费高度依赖银行信贷支持。随着城镇住房供求关系的变化和人口城镇化率的提高，需要进一步完善住房金融服务体系，以适应城镇居民持续改善居住条件，农村人口进城和流动人口购房增加的新趋势，确保各类有支付能力的群体都能享受到完善的住房金融服务。

四是通过完善相关配套设施、促进产业发展和进行区域布局调整等方式，培育商业地产等非住宅项目的市场需求。

解决北京市房价过高问题需要新思路[①]

2007 年以来，北京市的住房价格涨幅一直显著高于全国房价平均涨幅。为抑制房价过快上涨，北京市不仅严格执行国家规定的各项调控政策，而且结合北京

---

① 本文 2016 年 5 月 16 日发表于《财经》2016 年第 50 期，在《财经》发表时的题目为《化解北京高房价需觅新途》。

市特点，在市场调控、住房供给结构调整等方面出台了一系列政策措施，如北京市是全国最早实行限购的城市，也是到目前为止仅有的几个仍实行限购的城市之一，北京市二手房转让环节实际缴纳的税费一直是全国最高的城市之一。2010 年以来，北京市还显著加大了保障房供应量。即便实施了一系列政策措施，到目前为止北京市仍是全国房价涨幅最高的城市之一。由于房价涨幅持续高于收入涨幅，北京市居民的购买力在显著变弱。近年来北京市实施的诸多政策尚未根本解决北京市房价持续较快上涨的问题，表明有必要对北京市过去几年实行的相关政策进行客观评估，在此基础上及时调整完善有关政策，确保北京市房地产市场早日回归正常。

一、商品住宅供不应求是 2007 年后北京市房价持续较快上涨的主因

　　1998 年城镇住房制度改革后到 2005 年前后，是北京市房地产市场发展速度最快的一个时期。1998 年，北京市新建商品住宅销售面积只有 376.99 万平方米，到 2005 年北京市新建商品住宅销售面积达到历史峰值 2823.65 万平方米。2001～2005 年，北京市新建商品住宅销售面积占同期全国新建商品住宅销售面积的比例一直高于 5%。2006 年之后，北京市新建商品住宅销售面积开始持续下降。到 2008 年，北京市新建商品住宅销售面积下降到只有 1031.43 万平方米，占当年全国新建商品住宅销售面积的 1.7%。北京市新建商品住宅销售面积持续下降的原因并不是需求不足，而是供应的持续减少。2000 年，北京市住宅新开工面积为 1322.06 万平方米；2003 年，住宅新开工面积快速攀升到 2503.46 万平方米。2000～2003 年，北京住宅新开工面积占同期全国城镇住宅新开工面积的比例一直在 5% 以上。但从 2004 年开始，北京住宅新开工面积连续 6 年下降，2009 年北京住宅新开工面积只有 1380.28 万平方米，只相当于 2003 年北京住宅新开工面积的 55.1%，2009 年北京住宅新开工面积占同期全国城镇住宅新开工面积的比例下降到 1.5%。2015 年，北京市住宅新开工面积再次下降到 1199.2 万平方米，比 2014 年下降 8.0%，只占当年全国城镇住宅新开工面积的 1.1%。由于住宅新开工面积持续下降，2015 年北京市新建商品住宅销售面积只有 1127.3 万平方米，比 2014 年下降 1.2%，占当年全国新建商品住宅销售面积的比例进一步下降到 1.0%。

　　1998 年以来北京常住人口数量持续快速增长。1998 年北京市常住人口为1257.2 万人，其中城镇常住人口为 957.7 万人；2006 年北京市常住人口增长到 1601 万

人，其中城镇常住人口增长到 1350.2 万人；2015 年北京市常住人口已高达 2170.5 万人，其中城镇常住人口为 1877.7 万人。1998～2006 年，8 年间北京新增城镇人口为 392.5 万人，期间商品住宅累计销售面积为 13 577.38 万平方米。2007～2015 年，8 年间北京新增城镇人口为 527.5 万人，期间商品住宅销售面积累计为 11 990.58 万平方米。2007～2015 年，北京市新增城镇人口数量比 1998～2006 年新增人口数量多了 135 万人，但同期北京商品住宅销售面积却比 1998～2006 年减少了 1586.8 万平方米。显然，2007 年以来，人口的快速增长和家庭小型化意味着北京住房市场的需求十分旺盛，但新增供给量的快速下降极大改变了北京住房市场的供求关系，供不应求的情况一直持续，造成北京房价持续攀升。从 2001 年到 2006 年，北京市的房价收入比①均值为 11.88 倍，虽然比同期全国房价收入比均值水平高，但仍处于正常水平。从 2007 年开始，新开工面积持续下降造成后续供应量不足的问题开始凸显，北京房价开始快速上涨并显著超过同期全国住房均价涨幅和北京市居民收入涨幅。由于房价快速上涨，北京市的房价收入比从 2007 年开始快速攀升，2007～2009 年北京市的房价收入比均值为 17.35 倍，显著高于此前 6 年的均值水平。2010 年，北京市的房价收入比已高达 21 倍，为 2000 年以来的最高水平。

为解决北京房价过快上涨问题，2010 年之后北京显著加大了保障房开工量。北京市大规模建设保障房虽然在一定程度上解决了中低收入家庭住房困难问题，但并未抑制商品房价格上涨的趋势。2010 年以来，北京新建商品住房价格涨幅仍明显高于同期全国商品住房价格涨幅。以 2010 年为基期，2015 年 12 月北京市新建商品住宅价格指数为 135.5，在全国 70 个大中城市中仅低于深圳市和上海市，高居第三位。

二、解决北京房价过高问题要抓住主要矛盾

商品住房供不应求是北京市住房价格持续较快上涨的主要原因。要解决北京市住房价格过高的问题，需要从缓解供求矛盾着手。近年来北京实施的一系列住房政策从供求两方面进行了探索，如通过严格的限购政策对需求进行适当限制，

---

① 房价收入比，一般定义为一套住房的价格是一个家庭年收入的多少倍。本章所提到的房价收入比的数据含义为购买建筑面积为 100 平方米的新建商品住宅总价与当年北京市城镇户均可支配收入之比，即房价收入比=当年北京新建商品住宅销售均价×100/当年北京城镇户均可支配收入。

通过增大公租房等各类保障房的供应来重点解决中低收入人群住房困难问题。但也要认识到，住房价格的持续攀升、住房市场交易量的下降表明现有的政策思路仍需要进一步完善。

从需求端来看，为解决2009年之后房价过快上涨的问题，2010年4月30日，北京市政府发布《北京市人民政府贯彻落实国务院关于坚决遏制部分城市房价过快上涨文件的通知》，率先规定"每户家庭只能新购一套商品房"。限购政策取得了一定效果，但限购政策本身并不能解决人口持续增加带来的住房压力。只要人口持续较快增加，住房市场的压力就会始终存在。由于北京正面临严峻的人口、资源和环境压力，有观点认为可以通过高房价来适当抑制人口的流入，但2007年以来北京房价走势和人口流动趋势表明，高房价并未抑制人口流入，高房价是人口持续增加过程中商品房供应不足的结果。人口持续增加主要是北京提供了更多的就业机会和更好的工作环境等，而并不是由于北京的房价水平是高还是低。因此，要从需求端着手解决北京房价过高问题，在短期内继续实行限购政策的同时，更要重视北京城市功能和城市布局的调整，促进区域均衡发展，并以此带动北京市人口的自然疏解。

从供给端观察，2010年以来，北京市更加重视通过做好住房保障的方式来逐步解决城镇居民住房问题。2011年《北京市人民政府办公厅关于贯彻落实国务院办公厅文件精神进一步加强本市房地产市场调控工作的通知》（京政办发〔2011〕8号）提出，"继续增加土地有效供应，进一步加大保障性住房和普通商品住房建设力度"，并提出"十二五期间全市计划建设、收购各类保障性住房100万套，比十一五翻一番，全面实现住有所居目标"。从执行情况看，十二五期间北京市各类保障房建设显著加快，大大改善了中低收入住房困难居民的住房条件。但也要看到，由于保障房主要针对中低收入的户籍人口，各类保障性住房并不能解决数量更为庞大的中等收入人群住房支付能力不足的问题。由于"十二五"时期北京市新建商品住宅供应量较"十一五"时期进一步减少，这意味着北京市普通居民通过购买新建住房改善住房条件的选择余地在变小。为抑制投资投机性需求，北京市在二手房交易环节一直征收相对较高的税费。虽然政策的出发点是抑制投机，防止房价涨幅过大，但必须认识到，经济学理论已经证明，在其他条件不变的情况下，交易环节征税的结果是降低交易量、推高价格。根据国家统计局的数据，以2010年为基期，2015年12月北京二手住宅价格指数为139.4，在全国70个大中城市中涨幅仅低于深圳，高居第二位。由于"十二五"时期北京市新建商品房的供给在减少，二手房市场的供应受政策变动影响较大，尚未起到稳定市场运行的作用，而人口持续增加的态势并没有改变，加之家庭规模的小型化，北京市住房市场总体仍是供不应求，供不应求的结果必然是本已偏高的价格进一步上涨。

三、解决北京市房价过高问题的具体建议

北京市作为首都，政治、文化、经济、科技等各类资源多，经济活力强，就业机会多，居民收入水平总体较高，北京房价比一般的中小城市高有其合理性。从全球范围看，经济活力强、就业吸引力大、收入水平高的城市房价水平也都相对较高。但也要认识到，北京市目前的房价水平已显著高于居民正常的支付能力，基于对造成北京市房价偏高主要原因的认识，建议北京市考虑进一步调整和完善相关政策，使北京市的住房市场逐步回归到相对合理水平。

一是要适当增加新建商品房的供给。2001年，北京市住宅新开工面积占当年房屋新开工面积的78.8%，从2002年开始，北京住宅新开工面积占当年房屋新开工面积的比例快速下降，2011～2015年，北京住宅新开工面积占当年房屋新开工面积的比例分别为61.1%、50.5%、48.5%、52.4%、43.0%。相对于商业营业用房和办公楼，北京市商品住宅的供应量明显偏低，建议适当调整北京市房地产的供应结构，适当增加商品住宅用地供应，提高商品住宅新开工面积在房屋新开工面积中的比例，逐步缓解新房市场供不应求的情况。适当增加商品住宅土地供应，也有利于将土地出让价格回归到相对合理的水平上，防止泡沫风险的进一步累积。

二是宜尽快调整住房保障方式，大幅减少实物型保障房数量，增加市场供给。2010年以来，北京大幅增加了保障房供给，大大改善了中低收入住房困难家庭的住房条件。但也要看到，由于商品房供应量在下降，保障房又不能入市交易，不增加市场供给显然无法有效平抑价格。建议北京市考虑适当调整住房保障方式，在保障目标不变的前提下，更加重视通过租金补贴等方式解决保障对象的住房困难问题。对数量庞大的存量保障性住房，政府可继续保留一部分实物公租房，用于重点解决没有劳动能力和年龄偏大的住房困难人群。对已经购买了保障房或有意愿购买正在居住的保障房的保障对象，可研究逐步将大部分实物类保障房转成具有共有产权性质的可售型保障房，将保障对象的购房款和政府部门实际补贴款按比例进行量化，在此基础上确定各自的产权比例。在明确产权比例后，可研究

允许各类保障房入市交易的政策，保障房入市交易后政府收回的资金可继续投入住房保障工作，这样既有利于增加住房市场供应量，抑制房价的过快上涨，也有利于政府持续做好住房保障工作，提高住房保障和分配的公平性。

三是进一步降低二手房交易环节税费，增加二手房供给。由于新房的建设需要一个周期，即便北京今年就开始加大商品住宅的土地供应，到满足销售条件也需要两年左右的时间，因此短期内北京市应更加重视发挥现有存量房源的作用。2016 年 2 月 17 日，财政部等三部委发布了《关于调整房地产交易环节契税营业税优惠政策的通知》，决定下调房地产交易环节契税和交易税，但同时决定北京、上海、广州、深圳暂不执行。在其他条件不变的情况下，降低交易环节税费将会带来交易量的上升和价格的下降，有利于持续改善居民住房条件。建议将调整房地产交易环节契税营业税的优惠政策尽快在北京市实行，从政策导向上鼓励二手房的供应，缓解北京市住房市场的供求矛盾。需要指出的是，2006 年以来，我国房地产市场的历次调控中，税收政策和金融政策通常是同向调整，表现为同时降低利率、降低交易环节税费或同时提高利率、提高首付、提高交易环节税费。这种同时、同向调整虽然意在调控市场，但并没有意识到住房金融政策和税收政策对住房市场的作用机理不相同。降低利率、降低首付会提高居民的购房支付能力，会带来交易量的上升和价格的上涨，而降低交易环节税费的效果是带来交易量的上升和价格的下降，但住房金融政策和税收政策同时调低的综合作用通常会表现为交易量的大幅增加和价格的上涨，这使得很多人会误认为降低交易环节税费会推高价格。从住房市场中长期稳定发展的目标出发，宜更准确地把握住房金融政策和税收政策对住房市场的影响机理和效果，将交易环节的税费稳定在尽可能低的水平上，并且不再频繁调整。

四是坚持实行中性的住房金融政策。在价格偏高和市场短期供不应求的情况下，需要更加重视实行中性的住房金融政策。目前国内中长期贷款名义利率已处于历史最低水平，较低的利率水平极易推升住房价格，特别是在市场短期供不应求的环境下其对价格的推升作用更为明显。考虑到北京的住房价格已偏高，为防止低利率政策进一步推升价格，需要考虑引入首付和贷款利率的反向调整政策，在贷款利率降低时，适当上调首付比例，以对冲低利率政策对房地产市场的冲击。

五是要更加重视区域均衡发展，进一步完善城市布局，加快城市功能调整。从长期来看，要更加重视实现区域均衡发展。目前，国家正在积极推进京津冀协调发展战略，这有利于从根本上缓解北京市面临的人口、资源、环境压力，通过有序疏解人口从根本上缓解住房需求压力。从短期看，要进一步完善北京市的城市布局，加快城市功能调整，将学校、医院、图书馆、公共绿地等各类公共资源、公共设施重点投向市内的"欠发达"区域，逐步改变北京市的主要功能过于集中在中心城区的状况，缓解中心城区土地资源不足和住房供应不足的压力。

在各项政策选择中，降低交易环节税费、调整住房保障方式、实行中性的住房金融政策属于短期即可实行并能够取得一定成效的政策，而增加土地供给的政策实施效果的显现会有 2 年左右的滞后期，进行城市功能和布局调整政策效果的显现则是一个相对长期的过程。

尽快建立我国房地产市场监测预警指标体系的政策建议

房地产市场的大幅波动、特别是部分城市房价过快上涨直接影响到房地产市场的稳定运行和国民经济的健康发展。建议及早建立我国房地产市场的监测预警指标体系，对房地产市场的运行情况和未来趋势做出比较准确的判断和预测预警。

一、对房地产市场运行的监测预警至关重要

对房地产市场运行状况进行监测预警关键是判断房价、供求和房地产投资等指标是否处于正常区间。这对于准确把握市场运行趋势，科学制定宏观决策至关重要。

（1）对房价进行监测预警。房价是房地产市场运行中的最敏感指标，对市场房价进行密切监测预警很有必要。应选择房价及其涨幅、租金价格及其涨幅作为监测指标，并采用房价收入比、房价租金比和住房可支付性指数三类指标作为判断房价合理水平的预警指标。需要指出的是，采用房价收入比等指标评价房价水平是否合理时，不宜简单采取横向比较的方式，而应更加重视与本国、本地区的长期历史均值水平进行比较。

（2）对房地产市场供求状况进行监测预警。房价的变化是市场供求变化的反映。由于我国新房销售实行预售制，建议选择商品房新开工面积及增速、商品房销售面积及增速作为监测指标，并测算商品房销售开工比（即当年商品房销售面积与新开工面积之比），将商品房销售开工比作为预警指标，通过商品房销售开工

比的变化情况判断商品房市场的供求是基本平衡、偏紧或是供过于求。

（3）对房地产市场的投资状况进行监测预警。房地产投资波动对固定资产投资的波动影响较大。房地产投资波动主要受房地产开发企业资金状况变化影响。监测房地产开发企业的资金来源和房地产开发投资完成额两个指标基本可以判断当期投资状况和未来 6 个月左右的投资变化趋势。在监测基础上，将房地产开发投资完成额/房地产开发企业资金来源作为评测房地产开发企业资金利用率的预警指标，该指标值越高，表明企业资金越紧张，后续压缩投资的可能性越大。

（4）对房地产市场的金融风险状况进行监测预警。房地产市场风险出现前，通常会先行出现销售量下降和金融政策收紧（如首付提高和利率上调）两方面特征，而金融政策收紧会直接影响销售量的变化。据此可选择购房人的月供收入比、贷款年限、贷款利率等指标作为金融风险监测指标，并将贷款利率的长期平均水平和平均贷款年限作为预警指标，一旦贷款利率明显提高，需高度关注房地产风险和金融风险状况。

二、对房地产市场未来需求趋势的监测

对房地产市场需求变化趋势进行监测，需要根据影响房地产市场需求变化的主要因素确定监测指标。

（1）对人口总量和结构变化趋势进行监测。房地产市场的发展是为满足人们的居住需求，人口总量和结构的变化会直接带来房地产市场需求的变化。国内外房地产市场发展历程表明，购房人口年龄主要集中在 20～64 岁，其中首次置业人群年龄主要集中在 20～34 岁。对人口总量和年龄结构进行监测，将可以比较准确地判断未来房地产市场需求趋势和购房人群特征。由于我国正处于城市化过程中，还必须考虑城市化率逐步提高的影响，对城市化率进行监测。

（2）对经济增长和居民收入增长状况进行监测。购房人的购房能力主要取决于其收入状况。从各国房地产市场发展历程看，经济增长较快的阶段也是居民收入增长较快和房价涨幅较高的时期，在经济增速明显放缓后，居民收入增速和房价涨幅通常也会明显放缓。一旦出现经济增速和居民收入增速明显放缓、但房价涨幅却明显提高的情况，通常表明房地产市场会出现泡沫风险等问题。从预警的角度看，在经济增速和居民收入增速放缓后，需要高度关注房价等指标的变化。

（3）对金融政策变化进行监测。购买房地产多需要借助银行的信贷，金融政策、特别是首付和利率政策变化会直接影响房地产市场的需求。当首付和名义利率上升时，购房者的支出将增加，会抑制房地产市场的需求，反之将扩大对房地产市场的需求。因此，对首付和贷款利率变化情况进行监测，将会有助于判断购房需求变化趋势。

三、对房地产市场未来供给趋势的监测

房地产市场未来供给趋势主要取决于房地产开发企业的资金状况和土地情况，宜重点监测这两类指标的变化。

（1）对土地供给状况进行监测。土地是房地产开发的基础条件，对房地产开发企业拥有的存量土地和新增土地状况进行监测，可以推断未来房地产市场供给的潜力。建议选择房地产开发企业待开发土地面积（存量面积）、新购置土地面积和本年开发土地面积等作为监测指标。

（2）对房地产开发企业资金状况进行监测。房地产开发企业资金充裕，未来增加房地产开发投资的可能性就大，资金链紧张，就会压缩后续投资。历史数据表明，房地产开发企业资金来源增速领先于房地产开发投资增速的变化，建议选择这两个指标进行监测。

（3）对金融政策和土地政策的变化情况进行监测。金融政策和土地政策的变化对房地产开发状况具有重要影响，实行宽松的货币政策，会进一步促进房地产开发投资；增加土地供给，会有利于土地价格的稳定，减少土地供给，会推高土地价格，并直接影响到后续的房地产新开工面积。

四、政策建议

（1）进一步建设和完善房地产市场监测体系。对房地产市场做出准确判断需要准确、全面、具有持续性的监测数据。建议进一步加强和完善相关数据的监测工作。一是加强对房价实际水平的监测，监测房价的平均值、中位数等指标，监测的房价数据应涵盖新房价格和二手房价格；二是加强对房价租金水平的监测，监测整个城市及城市内重点区域租金价格的平均值和中位数；三是加强对住房市场供给情况的监测，监测存量房套数、待售房套数、闲置房套数等。加强对市场

相关信息的监测可继续在现有的监测统计系统内进行，但应进一步加强信息公开，确保监测的数据能够得到全面、及时使用。

（2）研究确立房地产市场的监测预警指标体系。房地产市场的变化是多种因素综合作用的结果，对房地产市场形势和未来趋势的判断需要统筹考虑各种因素的影响。建议在加强和完善相关数据监测基础上，从影响房地产市场波动的主要因素出发，研究确立房地产市场的监测指标体系，并根据各项监测指标变化与房地产市场波动的关系，研究确定预测预警条件，据此判断房地产市场的运行状况和未来趋势，为制订和完善相关政策提供决策依据。

（3）利用监测预警指标评估政策变化对房地产市场的影响。房地产市场的波动受政策变化影响较大，建议在调整和完善房地产相关政策前，利用监测预警指标预估各项政策变化对房地产市场的影响，并在政策实施后跟踪市场变化情况，客观评价政策实施效果，在此基础上，逐步形成有利于房地产市场持续健康发展的长效机制。

第四章　住房保障目标与方式选择

完善我国住房保障体系的目标和总体思路

2011~2020 年，即"十二五"和"十三五"时期是我国城市化快速发展和全面建成小康社会的关键阶段，完善住房保障体系应基于当前我国住房保障的现状，着眼于"十二五"和"十三五"时期住房保障需求的新特点，统筹考虑住房保障效益和成本，确定住房保障目标、基本原则及与之相适应的住房保障体系的总体思路。

一、保障对象和保障目标

1. 住房保障对象的确定

收入水平和住房条件是确定住房保障对象的两个最重要指标。住房保障需要以政府财力的支出作为支撑，因此，在确定住房保障对象时，必须考虑住房保障的覆盖范围与政府长期可持续支付能力相适应。

借鉴国际经验，结合目前我国住房保障的实际情况，应从以下三个方面确定住房保障对象。

一是从收入水平上划分。将无法足额支付市场房价或租金价格的中低收入群体作为住房保障对象的选择范围。借鉴国际经验，结合我国实际，建议将城镇居民中的低收入人群(占全部人群的 20%)和中等偏下收入人群(占全部人群的 20%)作为住房保障对象的选择范围。

二是从居住条件上划分。"十二五"期间可将低于全国城镇人均居住面积 50%以下的住户纳入住房保障对象（人均 16 平方米），到 2020 年可将标准提高到 18 平方米。

三是根据政府长期可支付能力，具体确定实际的保障覆盖面。

最终确定的保障对象应同时满足以上三个条件，住房保障对象的实际覆盖率大体达到城镇家庭的 20%。

2. 住房保障目标的确定

完善住房保障的核心目标是要通过多种方式实现中低收入住房困难家庭"住

有所居"。既包括保障最低收入住房困难家庭的基本居住需求，也包括支持和帮助低收入及中等偏下收入（以下简称中低收入）住房困难家庭改善居住条件。但住房保障并不是要保障中低收入住房困难家庭都能购买住房，也不是完全通过政府建造或出租实物型保障房给保障对象。

根据全国"第六次人口普查"数据测算情况，建议在"十二五"期末，做到城镇常住人口中，人均住房建筑面积 16 平方米以下的城镇中低收入家庭应保尽保；到"十三五"末，做到人均住房建筑面积低于 18 平方米以下的城镇中低收入家庭应保尽保。

二、未来完善住房保障体系应坚持的基本原则

一是坚持政府主导的原则。努力满足中低收入家庭的基本住房需求是政府公共服务的重要内容。坚持政府为主导，就是要突出政府在城镇住房保障中的责任，完善住房保障制度和政策体系，多渠道解决城市中低收入家庭的住房困难问题。

二是坚持以人为本和因地制宜的原则。中低收入住房困难家庭在就业、收入、年龄、资产状况和未来发展前景等方面存在巨大差异，这种差异决定了这些人群对住房保障的需求也存在较大差异。坚持以人为本，就是要充分考虑不同人群对住房保障的不同需求，在相同保障成本的情况下，采取有效方式，给保障对象更大的选择权，更好地满足保障对象的差异化要求。不同区域住房保障需求、社会存量住房状况有所不同，应本着因地制宜原则，给地方政府更大的自主权，由地方政府研究确定更适合本地特点的保障方式和相关具体政策。

三是坚持公平、公开、公正原则。住房保障是政府对城镇中低收入家庭提供的公共服务，保障范围主要是城市的弱势群体，是政府公共政策的体现。因此，对保障人群的政策要公平、公开、公正、透明，并有利于社会监督。

四是坚持创新体制、发挥市场机制作用的原则。住房保障是政府公共服务的重要内容，但在具体实现方式上，要创新体制机制、发挥市场机制的作用，鼓励社会力量和民间资本通过投资建设、提供租赁房源、参与经营管理及捐赠等多种方式进入住房保障领域，充分发挥市场机制在保障性住房供给和管理等方面的作用，政府通过相关的政策加以引导和支持。

五是坚持保障政策可持续的原则。住房保障是一项长期的制度性安排，相关

制度和政策体系设计必须立足当前，着眼长远，注意近、中、远期的有序衔接。要从中长期角度综合考虑保障目标、保障对象、保障效果和保障成本，确保制度和政策体系具有长期可持续性。

针对我国处于城镇化加速期和人口流动的新特点，统筹考虑保障目标、保障效果和保障成本，坚持公平和效率相结合的原则，逐步扩大住房保障覆盖范围，为城市低收入住房困难家庭提供基本住房保障，支持和帮助更多的中低收入住房困难家庭改善居住条件。

三、完善我国住房保障供应体系的总体思路和基本框架

综合考虑住房保障对象的需求特点、保障成本和政府保障能力，根据政府住房保障覆盖 20%左右城镇居民家庭的目标，在目前廉租房、经济适用房、两限房和公租房，以及租金补贴、公积金信贷支持等多种保障方式的基础上，进一步调整和优化住房保障供应体系，逐步提高货币补贴在住房保障方式中的比例。在"十二五"集中、大规模保障性安居工程建设的基础上，将住房保障方式逐步从实体保障房建设为主，向为保障对象提供多种与其需求相适应的住房保障方式转变。

综合考虑保障对象的需求、政府融资状况和长期持有的成本等因素，建议政府直接拥有的租赁型实物保障房覆盖范围不超过全部应保对象的 20%，包括共有产权方式在内的所有的实物型保障房覆盖范围不超过全部应保对象的 50%。

（1）建议将廉租房和公租房并轨，租赁型实物保障房采取"市场租金、分档补贴、租补分离"方式，并逐步提高货币补贴在具有租赁性质的保障房供应中的比例。将公共租赁住房与廉租住房并轨，统一为租赁型保障房。保障房租金参照市场租金的价格确定，政府部门根据保障对象收入和居住条件的差异确定不同的补贴标准，即符合条件的保障对象租住保障房，需要支付同样的租金。同时根据收入的差异从政府部门及相关机构获得不同额度的补贴，总的原则是补贴额随收入的增加而减少。允许并鼓励保障对象从市场上租赁房屋，政府部门对符合条件的保障对象按照同样的标准进行补贴。逐步提高住房保障中社会性租赁房源的比例。

（2）建议将经济适用住房和两限房并轨，调整为"共有产权"性质的实物型可售型保障房。由于住房制度改革以来各地商品房价格上涨幅度较大，而经济适

用住房和两限房的定价一直未进行大的调整，经济适用房等实物型保障房的售价与商品房的差价显著拉大，造成拥有经济适用房的家庭财产性收益显著增大，这是导致原有的经济适用住房、两限房存在诸多缺陷，极易产生腐败和催生寻租行为的重要根源。建议将经济适用房和两限房并轨为政府与保障对象"共有产权"的保障房，并基于"市场定价、货币补贴、共有产权和面向特定人群"的思路进一步调整和完善相关政策。

市场定价是指符合条件的保障对象购房时价格参照市场价格购买或直接以市场价格购买新房或二手房；货币补贴是指政府按照保障对象的收入、住房条件和政府支付能力等因素确定其在购房时给予的补贴数额；共有产权是按照保障对象自身支付的购房款和政府部门支付的补贴款占全部购房款的比例分别确定产权比例；面向特定人群是指政府部门只向符合保障条件的特定人群提供购房补贴。特定人群除符合住房保障对象的一般要求外，还需要具有一定的支付能力。

（3）建议逐步推进住房保障体系转型。针对"十二五"期间大规模建设的租赁型保障房和可售型保障房，建议根据租赁型保障房和可售型保障房的不同特点，分别制定和完善相关政策，实现住房保障体系逐步转型。对各类可售型保障房，建议将其尽快转成具有共有产权性质的可售型保障房，对保障对象购房款和政府部门实际补贴款进行量化，并在此基础上确定各自的产权比例，这样调整将有利于强化分配的公平性，并可防止对保障对象的过度补贴和腐败寻租等问题。从"十三五"开始，建议政府直接建设的可售型保障房应以棚户区改造工程为主，不再大规模建设其他类型的保障房。而由符合条件的保障对象在市场上直接按照市场价格购商品房或二手房，由政府给以适当的购房补贴。"十二五"期间建设的实物型租赁性保障房，建议按两种方式处理：一是将部分配套较为完善的租赁型保障房由政府长期持有，并将此类保障房重点面向符合保障对象条件、支付能力差的人群（原廉租住房的覆盖人群）；二是对其他的实物型租赁型保障房，建议可采取先租后售方式，逐步将其转化为具有共有产权性质的保障房，面向保障对象中支付能力相对较强的家庭。其优点是满足这部分家庭的购房且拥有部分产权的需求，同时可减轻政府对公租房的财政支出、还贷压力，还可降低政府长期持有公租房的管理成本。

在坚持政府住房保障责任的前提下，逐步调整和完善住房保障供应体系，主要出于以下考虑。

一是我国住房总量的变化为调整和完善住房保障供应体系创造了条件。根据第六次全国人口普查数据（以下简称"六普"数据）和近年来住房及保障房新开工情况测算，2013 年我国城镇居民户均住房已达到 1.0 套，到 2015 年城镇居民户均住房套数将略高于 1.0 套，我国住房总量不足的问题基本得到解决。根据"六普"数据，我国城镇居民住房自有率接近 80%，这意味着城镇中还有 20%左右可供出租的存量房源，政府住房保障具备由政府直接提供实物型保障房向以货币补贴为主转变的条件。

二是以货币补贴为主（即"补人头"）可以最大限度地利用社会资源，由保障对象在市场上购房或租房，既满足了保障对象差异化地住房需求，又可以有效利用社会存量住房资源，也可减轻政府大规模建设保障性住房的压力，降低保障成本。由于保障对象在年龄、就业能力、工作状况、资产状况、收入状况等方面存在较大差异，其对住房的需求也是多样化的。目前的住房保障是保障对象在政府建造的房子范围内根据户口和工作单位等条件定向选房，但政府建造的保障房客观上受土地位置和建造成本等因素制约，实际上造成保障对象的选择空间十分有限，这也是目前一些地方出现公租房入住率不高等问题的重要原因。实行货币补贴后，保障对象可以在所居住的城市范围内选择，选择余地大大增加，实际上会提高保障效益。测算表明，在达到同等住房保障目标的前提下，货币补贴比提供实物型保障房成本更低。由于货币补贴变暗补为明补，可以量化政府在住房保障方面的支出，可以对不同保障对象的补贴进行比较，在保障方式上比实物型住房更加公平，也可以最大限度地减少住房保障的寻租空间和政府的管理成本，形成更公平和更可持续的住房保障机制。

三是以货币补贴为主，可以提高商品房的供应量，在一定程度上抑制房价过快上涨。如果政府直接提供大量保障房又不允许保障房进入市场，客观上会减少商品房的供应量，商品房供应量不足必然会推高房价，房价上涨又会增大住房保障压力，从而形成"高房价—政府直接提供更多的保障房—商品房供应减少进一步推高房价—保障对象数量增加"的恶性循环。从国际经验看，新加坡和中国香港特区政府直接提供的保障房占比较高，但这两个地区的商品房价格在全球主要城市中也是非常高的。以货币补贴为主，减少不可入市交易的住房数量，将会增加市场上商品房的供应量，从而有利于改善市场供求关系，使商品房价格保持在相对合理的水平上，进而在一定程度上可缓解住房保障的压力。

四是以货币补贴为主可以形成商品房和"保障房"的无缝衔接，保障对象更容易退出。以货币补贴为主在房租补贴或购房补贴上可以体现保障程度的差别，在操作上可以做到最低收入到中等偏下收入的全覆盖，也有利于消除"夹心层"。货币型租赁保障可以根据保障对象收入的变化及时退出，实物型租赁房由于只向特定对象提供，且总量可控，便于集中和更有效地监管；共有产权性质的保障房可以随时退出，如有增值收益，可方便在保障对象和政府间进行分配。

进一步完善住房保障相关政策的建议

住房问题是重要的民生问题，做好住房保障工作是政府的重要职责所在。2009 年以来，我国在住房保障方面的投入明显加大，特别是保障性住房建设力度显著加大，这对解决好城镇低收入住房困难家庭的住房问题具有重要意义。但也要看到，目前我国城镇住房总量不足的问题已大大缓解，而随着城镇化较快发展，城镇"新移民"的住房困难问题日益受到关注。面对我国住房市场的新变化和住房保障面临的新特点，宜进一步完善住房保障管理制度和相关政策，更好地做好住房保障工作。

一、加快制定住房保障规划及相关管理政策

住房保障工作是一项长期性工作，需要总体规划、分布推进。

一是建议抓紧研究出台住房保障发展规划。对未来住房保障面临的基本形势、各类住房保障对象数量和状况、政府保障能力进行综合分析判断，在此基础上明确提出住房保障发展的目标、近中期工作重点和主要指标，确保住房保障工作能够在一个清晰、稳定的目标框架下进行。

二是宜将住房保障立法工作提上日程，及早出台《住房保障条例》或《住房保障法》。住房保障是长期性工作，需要依法进行。建议抓紧研究制定《住房保障条例》或《住房保障法》，对保障对象条件、保障目标、资金来源、退出机制、管理方式等主要内容做出明确规定。

三是加强管理信息系统建设。住房保障信息系统应实现与民政、公安、银行等系统的信息共享，提高住房保障信息审核的可操作性、准确性和及时性。做到

审核信息的共享机制和联防机制。将保障对象的申报信息与相关部门共享，特别是与银行等信贷审核信息共享和相互验证，以保证信息的真实性。

二、进一步完善房地产调控政策，保障房地产市场持续稳定健康运行

1998 年，住房制度改革确立了住房分配市场化的基本方向，住房制度改革对改善人民居住条件发挥了重要作用。但由于不同群体收入差距较大，低收入家庭很难通过市场化方式解决住房困难问题。此外，2006 年以来，部分城市房价涨幅过大、过快，普通群众的购房能力明显不足，这进一步增大了对住房保障的需求。不论对保障对象发放房租补贴，还是实行实物配租、配售，本质上都是一种低价补贴。如果住房市场价格（售价和租金价格）过高，需要补贴的人群和补贴的实际数额就会加大，住房保障的压力就会明显加大。因此，做好住房保障工作，缓解住房保障压力，客观还要求房地产市场能够平稳健康发展、市场房价保持在合理的水平上，这就对完善房地产调控政策提出了更高要求。

房地产市场的波动受政策影响较大。在房地产调控政策选择上，宜坚持"鼓励自住型需求，抑制投机投资性需求"的基本取向，以持续改善居民居住条件为目标，以调整市场供求关系为着力点，努力实现房地产市场平稳运行。

一是更加重视根据人口变化情况调整住房供应情况，重视通过土地供给的调节来实现对住房供给的调控。未来十年我国仍处于城镇化较快发展阶段，城镇人口总量仍将保持较快增长，人口流动也将呈现新的特征。建议根据人口变化和住房需求情况，合理确定住房用地规模，既要防止部分热点城市土地供应不足造成的商品房供求紧张问题，也要防止个别城市出现的商品房供应量短期内过快增长带来的不利影响。

二是实行中性的住房金融政策。住房金融政策的变化是房地产市场短期内出现大幅波动的首要原因。根据目前金融监管部门对住房贷款的首付要求测算，贷款利率下调 1 个百分点，可在不改变首付和月供的情况下将购房人的支付能力提高 6%。利率政策是宏观调控的重要手段，利率调整有其必要性，但在调整利率时宜采取相应政策对冲利率调整对房地产市场的影响。建议实行住房首付和贷款利率反向调整政策。例如，在贷款利率下调时，适当上调首付比例，防止因利率政策调整造成购房人支付能力在短期内发生重大变化，进而造成市场需求和房价的大幅波动。

三是降低房地产交易环节税费，鼓励梯度消费并增加二手房供给。目前二手房交易环节税费过高，既不利于居民持续改善居住条件，也不利于增加二手房的供应。建议在坚持和完善限购政策的基础上，降低房地产交易环节征收的契税、个人所得税等税费，降低营业税的收取年限，鼓励居民通过换购住房持续改善居住条件。

三、做好现有保障房的后续管理

2008 年以来，我国新建的各类保障性住房累计超过 4000 万套，极大地改善了中低收入住房困难人群的居住条件。但也要认识到，从发达经济体保障性住房的发展历程看，中低收入人群的集中居住也会带来潜在的风险，因此，要抓紧做好现有保障房的后续管理。一是要更加重视现有保障房的日常维护，防止新建保障房的品质下降。二是要更加重视完善综合配套，提升保障房社区周边的教育、医疗、公共交通等条件，为保障房社区提供更好的日常生活环境。三是要更加重视保障房的社区建设，鼓励、引导居民参与社区的日常管理，通过有效的管理不断提升保障房社区的综合品质。

四、研究出台首次置业计划

在目前的政策框架下，城镇低收入户籍家庭住房困难的住房保障问题已基本得到解决，难点在年轻人（包括外来务工人员）的住房困难问题。这部分群体收入水平不高且积累少，首次购房会存在较大压力。但也要看到，由于这部分群体收入水平总体处于持续增长期，且未来可持续工作时间长，中长期的购房支付能力在逐步提高。因此，关键要解决这部分群体短期购房支付能力不足的问题。借鉴国际经验，建议可研究出台首次置业计划。对首次置业者给以一定额度的购房补贴或贷款贴息，并在税费政策等方面给予政策支持，通过首次置业计划帮助年轻人适当减轻首次置业时的压力。

五、进一步完善住房租赁的法律和政策体系，加强对租房者的权益保护

从各国经验看，在绝大多数国家，私人住房拥有者都是居住房源的重要提供者之一。德国等许多发达国家虽然住房自有率低，但居民居住条件总体较好。同

时，随着各国住房总量和户均住房套数的增长，在住房保障方式上越来越重视从"补砖头"向"补人头"转变，这意味着私人住房拥有者为住房保障对象提供了许多房源。根据第六次人口普查数据测算，2013年我国城镇家庭户均住房套数已达到1.0套/户，城镇住房自有率已达到80%，这意味着我国城镇住房总量不足的问题已得到较大缓解，私人住房成为住房租赁市场的主要提供者。针对住房市场的这种变化，建议在住房保障中更加重视利用好社会存量房源。需要指出的是，同发达国家相比，目前我国对租户利益的保护还不够，这也在一定程度上加剧了对政府提供的保障房的需求。建议出台相关法律法规，更加重视对租房者的权益保护。同时，建议通过税收等政策引导业主同租户签订长期租约，如可规定租赁期达到3年或以上的可以免交相关税费。在住房保障上，允许并鼓励保障对象在市场上租赁住房，政府根据保障对象的收入等情况给以相应补贴，逐步实现住房保障从"补砖头"为主向"补人头"为主、多种保障方式并存转变。

六、建立与外来务工人员需求特点相适应的住房保障政策

现行的住房保障制度和政策主要针对的是城镇本地户籍家庭，对外来务工人员的住房保障问题关注较少。外来务工人员数量大，住房需求也具有多样性，如外来务工人员中，有的希望在本地长期就业和置业，有的则选择回到家乡或家乡所在地的城市置业。建议针对外来务工人员住房需求特点，研究建立与本地户籍家庭既相联系又有所区别的住房保障政策体系。基本思路是：将在城镇稳定就业一段时间、持续缴纳各种保险的外来务工人员的住房保障政策可与本地城镇户籍家庭的住房保障政策一致。考虑到城市的差异性，稳定就业的时间要求可由地方政府确定。对其他外来务工人员，可继续采取鼓励雇主单位提供宿舍或发放住房补贴等方式。由于相当一部分外来务工人员是在大城市工作，但置业选择在家乡附近的城镇。因此，还应逐步完善住房公积金跨区域转移和使用等问题，更好地满足外来务工人员的置业要求。

完善流动人口住房公积金政策的建议[①]

随着我国工业化、城镇化和市场化推进，流动人口数量开始快速增加。面对

---

① 本文作者为刘卫民、邓郁松。

流动人口总量大、增长快的新形势，迫切需要从制度层面解决流动人口住房问题。住房公积金作为一种专用性、强制性、互助性的住房储蓄制度，对解决城镇职工住房困难和改善住房条件具有重要作用。但也要看到，当前流动人口缴存住房公积金的比例还很低，绝大多数流动人口尚未成为住房公积金制度的受益者。因此，亟须进一步完善住房公积金制度，更好地满足流动人口的住房需求，促进整个社会和谐发展。

一、完善流动人口住房公积金制度的背景与意义

一是我国流动人口规模世界最大，并呈持续增加态势。2011 年，我国流动人口数量已达 2.3 亿，比"十五"末期增长了 56.5%。其中，农民工比例占绝大多数，86.7%的流动人口属于农村进城务工人员。举家流动越来越多，除大型建设项目外，多数流动人口在非公经济中就业。大规模的人口流动不仅为流入地经济发展提供了丰富的劳动力资源，为城市化和工业化快速推进提供了有力支撑，同时也对住房公共政策提出了一系列新要求、新任务。如何针对流动人口自身特征，建立和完善住房公共政策体系，切实帮助流动人口改善居住条件，已经成为一个迫切需要解决的现实问题。

二是流动人口的住房需求持续增加。住房是不可或缺的生存与发展资料，我国庞大的流动人口对居住地形成巨大的住房需求压力。而未来 10 年累计需转移农村人口达 1 亿人以上，这意味着流动人口对居住地的住房需求压力还将持续增加。从调研情况看，流动人口在工作地主要以租赁方式解决住房问题。整个流动人口中租住比例为 75%，其中农民工租住比例为 86.4%。同时，由于收入层次和家庭置业规划不同，流动人口的住房需求呈现多元化发展态势。在工作城市居住时间较长、具备一定的经济基础的流动人口希望选择在工作地购房，而相当数量的普通职工综合考虑房价及未来职业发展，更希望回到家乡所在县、镇购买商品住房和就业。特别是随着东部产业向中西部地区转移，以及内地与沿海工资水平差距缩小，这种返乡购房需求不断增加。此外，一部分来自农村的职工主要是利用宅基地翻建房屋。

三是完善住房公积金制度体系对解决流动人口住房问题意义重大。目前缴存职工主要集中在党政机关、事业单位和国有企业，大量流动人口并未进入住房公积金体系。因此，加快推动流动人口纳入住房公积金体系，将有利于从制

度上维护流动人口的住房权利，通过企业和个人的住房成本分担机制及互助机制，实现全体居民"住有所居"的公共政策目标。从短期看，通过提取住房公积金支付房租，可以缓解流动人口现阶段住房成本压力。从长期看，通过发挥住房储蓄积累效应和互助效应，为流动人口购房提供低息贷款，将进一步提高流动人口的住房消费能力。另外，2010年，国务院开展住房公积金贷款支持保障性住房建设的试点工作以来，部分城市积极探索住房公积金直接投资公租房的方式。例如，上海市和大连市运用住房公积金收购或直接建设公租房，并优先分配给住房公积金缴存者，使购房能力较低、难以贷款的中低收入缴存者能够享受到住房公积金的好处，扩宽了流动人口住房保障渠道，进一步完善了城镇居民住房保障体系。

二、流动人口住房公积金制度的发展现状

1. 流动人口住房公积金的缴存规模不断扩大，但缴存覆盖面仍偏低

近年来，各地日益重视流动人口缴存公积金问题，流动人口的缴存规模也逐步扩大。全国20个城市住房公积金缴存职工调查数据表明，外地城镇和外地农村缴存职工比例已经达到10.1%。调研表明：对于一些流动人口较多的东南沿海地区，流动人口住房公积金缴存比例更高。例如，苏州市缴存职工中流动人口比例为48%，而深圳市和东莞市流动人口比例分别为80.1%和74.6%。虽然近年来流动人口缴存公积金的人数较快增长，但必须看到，大部分城市流动人口缴存数量与应缴数量相比，仍存在较大差距，缴存覆盖面总体仍较低。

2. 部分城市正在探索建立适应流动人口特点的住房公积金政策

为了提高住房公积金制度的吸引力，使流动人口切实感受到住房公积金对住房消费的支持，一些城市纷纷探索建立适应流动人口住房需求特点的住房公积金政策。一是降低租房提取门槛。考虑到流动人口居住特点，有些地区允许流动人口提取住房公积金支付房租。例如，苏州市提出，如果职工及配偶在工作所在地没有自有住房，可凭租赁合同和完税证明，一年提取两次住房公积金支付房租；而深圳市针对农民出租房较多、没有正式合同的特点，流动人口只需提供身份证和联名卡即可提取住房公积金。二是探索异地购房和建房的支持方式。对于异地购买商品房者，可以提取住房公积金用于支付首付款和还款。例如，广东省广州

市、珠海市、佛山市、东莞市等 8 个城市签订互贷协议，在本地缴存住房公积金的职工，可以在协议城市申请住房公积金贷款购房。同时，深圳市还开始探索对于非户籍农民工在宅基地建房予以提取支持。三是考虑流动人口就业变动性较大，允许流动人口离职后全额提取住房公积金。

3. 住房公积金监管机制逐步完善

各地不断完善和规范住房公积金的监管机制，提升公共服务质量。一是有些地方将住房公积金扩面作为县（市、区）目标责任考核内容，相关部门的执行机制不断完善。二是逐步建立统一标准的住房公积金制度。流动人口与户籍人口均按规定缴纳住房公积金，并平等地享有住房公积金的提取和贷款权利。三是加大流动人口缴存权益保护力度，规范投诉、追缴和行政执法程序，并通过行政执法前的约谈、指导和调节机制，提高投诉追缴效率。四是推进信息系统建设，提升住房公积金管理机构的科学决策能力，同时加强住房公积金业务宣传，提高企业和流动人口的认识和缴存意愿。

三、完善流动人口住房公积金体系面临的主要问题

1. 企业出于经营成本考虑，仍缺乏缴存的主动性

尽管流动人口中在职职工的缴有意愿不断提高，但从缴存覆盖面看，缴存单位主要还是党政机关、事业单位及运营比较规范的企业，很多企业仍没有为流动人口职工缴存公积金。究其原因：第一，雇主担心运营成本上升，压缩企业盈利空间。第二，一次性补缴金额较大，企业感觉负担重。根据《关于住房公积金管理若干具体问题的指导意见》规定，单位从未缴存住房公积金的，原则上应当补缴自 1999 年《住房公积金管理条例》发布之月起欠缴职工的住房公积金，这使一些希望缴交的企业望而却步。第三，部分地方政府对住房公积金政策执行力度较弱。主要是顾虑征缴住房公积金对投资环境产生不利影响，有些地方仅强制企业为户籍职工缴纳住房公积金，但是非户籍的职工缴交率相对较低。

2. 部分流动人口的缴存意愿不足

住房公积金缴存具有强制性，对资金使用方面要体现制度的公平性，但现行

的住房公积金制度的一些规定与流动人口的住房需求特点不相适应，降低了流动人口的缴存意愿。缴存住房公积金最大的好处是可以获得低息住房贷款。由于流动人口中低收入比例较高，在工作地购房的比例较低，许多人仍将返乡置业，这些流动人口实际上无法成为住房公积金"低贷"的受益者。同时，住房公积金具有"低存"特点，存款利息难以抵御通货膨胀侵蚀，进一步降低了流动人口特别是低收入职工的缴存积极性。

3. 区域分割的资金管理模式削弱了制度优势

在现行住房公积金归集和使用体制下，各地政府是住房公积金的直接管理机构，这种管理模式的管理链条较短，权责清晰。但与社保管理体系相比，这以地市为核心的分割管理模式也存在一定弊端。一是流动人口住房公积金的转移接续还不能实现无缝对接。有些地方甚至缺少相应的转移接续制度安排，扩面成果难以巩固，降低了住房公积金制度的整体性、连续性和权威性。二是地区分割的资金管理体系无法支持流动人口异地购房贷款需求，不能适应外来务工人员返乡置业的要求。一些地区仅允许流动人口在异地购买商品房或在宅基地上建房时，提取住房公积金用于支付房款，在很大程度上削弱了住房公积金的互助优势。当然有些省份也正在探索区域内不同城市之间住房公积金的互贷模式，但目前对于流动人口的跨省购房仍无法开展公积金贷款业务。

4. 《住房公积金管理条例》的法律约束力亟待增强

住房公积金相关法律法规的约束力不足，管理机构执法手段相对薄弱。一是住房公积金的违规成本低。根据《住房积金管理条例》规定，对于不办理住房公积金缴存登记或者不为职工办理账户手续的单位，由住房公积金管理中心责令限期办理。对于逾期不办理的企业，可处罚 1 万～5 万元的罚款。这种违规成本与每年动辄数百万元的缴纳成本相比，显得约束力不强。二是住房公积金征缴缺乏有力的法律手段。《住房公积金管理条例》还规定，逾期不缴或者少缴住房公积金的单位，由住房公积金管理中心责令限期缴存，逾期仍不缴存的，可以申请人民法院强制执行，但实际执行效力有限。三是住房公积金条例属于行政法规，在职工与用人单位因住房公积金发生争议时，无法进入劳动仲裁范畴。劳动者只能以行政机关消极不作为提起行政诉讼，这必然增加流动人口职工维护合法权益的成本和难度。

四、政策建议

一是加大住房公积金政策宣传力度，使更多的单位和职工个人认识到住房公积金对改善职工住房条件的重要作用，增强单位和职工个人缴存住房公积金的积极性，不断提高流动人口缴存公积金的比例，使更多的流动人口成为住房公积金制度的受益者。

二是扩大住房公积金使用范围，支持不同收入阶层流动人口住房消费。同本地职工相比，流动人口的住房需求具有特殊性，现阶段相当比例的流动人口并不会在工作地购房，而通常是租住在单位提供的宿舍或自行在单位附近租房居住。针对流动人口的这种需求特点，建议扩大住房公积金的使用范围，在继续支持职工贷款购房和购房提取公积金的基础上，允许流动人口可以提取公积金支付房屋租金。

三是建立和完善异地住房公积金转移接续制度，对异地建房、购房给予贷款支持。从调研情况看，由于目前住房公积金并不能异地贷款，选择在家乡建房或购房的流动人口并不能享受到公积金"低存低贷"的制度优势，因此，建议建立住房公积金转移接续制度，对流动人口异地建房、购房给予贷款支持。

四是规范和简化提取手续，方便缴存人使用公积金。可借鉴深圳等地的经验，允许未在工作地购房的缴存人每年可自由提取缴存额的 50% 用于住房消费，真正发挥公积金制度在改善流动人口住房条件方面的作用。结合人口流动性大的特点，简化离职全额提取手续。针对流动人口收入相对较低、各类社会保障不足的特点，允许流动人口在重大疾病的医疗费用超过一定额度后，凭医疗收费单据提取住房公积金。

五是利用住房公积金的结余资金建设公共租赁住房，并优先满足缴存职工。目前，一些地方已开始使用住房公积金用于支持保障房建设，应及时总结各地的建设和运营经验，在保证风险控制的前提下，允许住房公积金建设公共租赁住房项目，并优先满足低收入的缴存职工，使收入较低的流动人口从住房公积金制度中更多地受益。

六是加快修订《住房公积金管理条例》，加强流动人口合法权益保护。重点解决以下四个方面的问题：第一，明确住房公积金的缴存者是包括流动人口在内的城镇所有职工，强化住房公积金的行政执法机制，提高住房公积金制度的权威性和强制性。第二，在提取和使用方面，要针对流动人口的特点，对异地购房贷款、租房提取等做出明确法律规定。第三，对公积金统筹或资金调配使用等做出制度性安排，奠定住房公积金异地使用的制度基础。第四，对于新缴存住房公积金的企业，统筹考虑职工利益与企业承受能力，合理确定住房公积金的追诉期。

第五章　住房市场形势分析与建议

观察房地产市场形势需把握的几个关键点

近年来，各界对房地产市场形势的判断一直存在较大分歧。分歧的背后实际上反映出不同分析者在观察角度、观察周期、分析方法和对市场波动原因的认识等方面存在一定差异。因此，准确把握房地产市场的形势，首先需要理清房地产市场发展的客观规律，理清发展阶段和市场波动背后的原因，建立相应的监测指标体系，并在认识和尊重客观规律的基础上去调整和完善相关政策，努力实现房地产市场的持续健康发展。

一、准确把握房地产市场的发展阶段

房地产市场的持续健康发展并不意味着房地产市场总是保持平稳发展，而是房地产市场的发展态势要同其所处发展阶段的规律相适宜。从典型经济体房地产市场发展历程看，基本都经历过快速发展阶段，也都有过市场运行比较平稳的时期，一些经济体还经历过房地产泡沫和泡沫的破灭。在不同的发展阶段，房价涨幅、房地产投资增速、新建住房规模等常用指标会呈现不同的特征。总体来说，在快速发展阶段，房价、投资和新建住房等主要指标增速都较快，但到了平稳发展阶段后，房价和投资涨幅一般会回落，新建住房量将下降。因此，分析、判断和预测房地产市场形势，不能简单根据房价、投资、房地产新开工量的增速快慢来判断市场运行是否正常，而应首先把握房地产市场所处的发展阶段，将对各项指标的分析同房地产市场所处的发展阶段结合起来。例如，在快速发展阶段，房价通常涨幅较高，但只要房价涨幅不高于收入涨幅，并不会出现房价泡沫风险。但到了平稳发展阶段，如果房价继续保持较高涨幅，且房价涨幅明显超过收入涨幅，则会催生房价泡沫风险。再如，15%左右的投资增速，在快速发展阶段，可能会带来市场供不应求的问题，即投资增速相对于所处的阶段来说是偏低了；而到了平稳发展阶段，同样的投资增速可能会引发供给过剩的风险，即投资增速相对于所处的发展阶段来说是偏高了。显然，在观察房地产市场形势时，首先需要

准确把握不同发展阶段的特征，并在对发展阶段做出准确判断的基础上，才可能对房地产市场的主要运行指标是否正常做出判断，也才可能在房地产市场出现波动时，对房地产市场调整的性质、趋势、持续时间和影响程度等做出更为准确的判断。同时，在对房地产市场发展阶段发生变化后，也才可能及时把握新阶段的运行规律，并据此调整房地产市场的发展目标。

二、准确把握市场波动的原因

房地产市场的波动受多种因素影响，如人口的增加、居民收入的提高都会带动市场需求的增加，购房首付和贷款利率的下调会提高居民的购买能力，供给的增加或减少则可能造成市场的过剩或供不应求。从典型经济体房地产市场发展历程看，房地产市场的波动可能是单因素造成的，也可能是多个因素同时在发挥作用。影响的原因不同，对市场的影响程度、范围和持续时间也会存在较大差异。例如，人口总量和结构变化对房地产市场的影响持续时间长，并通常决定了房地产市场发展的长期趋势；而居民收入增长情况基本决定了房地产市场发展的中期趋势；住房金融政策、土地政策等政策因素的调整则通常是房地产市场短期波动的主要因素。而一旦影响房地产市场的长期因素、中期因素和短期因素出现叠加的情况，则市场通常会出现持续时间较长的新趋势。因此，对房地产市场形势的分析和判断，并采取相关政策调控政策，还必须认清造成市场波动的主要原因，分清是由短期的政策调整造成的市场波动，还是受中长期的人口总量和结构变化等因素影响的结果，在此基础上再对市场未来发展趋势做出判断。

三、建立监测指标体系

房地产市场的变化是多种因素综合作用的结果，对房地产市场形势和未来趋势的判断需要统筹考虑各种因素的影响。因此，需要从影响房地产市场波动的主要因素出发，建立房地产市场的监测指标体系，并据此判断房地产市场的运行状况和未来趋势。

一是要建立判断房地产市场发展阶段的监测指标。因为房地产市场的发展阶段不同，运行特征就不同，所以需要建立能够判断房地产市场发展阶段的监测指标。从典型经济体房地产市场发展历程看，户均套数比是判断房地产市场发展阶段最好的指标。需要指出的是，监测户均套数比需要考虑人口总量和结构变化趋势。如果处在人口快速增长期，人口的快速增长将会改变户均套数比情况。家庭小型化趋势加快，也会对户均套数比产生影响。

二是对房地产需求状况进行监测。市场需求状况主要取决于购房人的数量和支付能力。监测购房人口数量关键是要把握人口总量和结构变动趋势，特别是20~34岁及35~64岁两个年龄段人口的变动趋势。购房人的购房能力主要取决于其收入状况和住房金融政策。因为居民收入增长情况与经济增长状况高度相关，所以需要将经济增长情况和居民收入增长状况纳入监测指标。由于住房金融政策，特别是首付和贷款利率政策的调整会直接购房人的支付能力，需要对首付和贷款利率变化情况进行监测。

三是对房地产市场供给情况进行监测。房地产市场未来供给趋势主要取决于房地产开发企业的土地情况和资金状况，宜重点监测这两类指标的变化。土地是房地产开发的基础条件，对房地产开发企业拥有的存量土地和新增土地状况进行监测，可以推断未来房地产市场供给的潜力。房地产开发企业资金充裕，未来增加房地产开发投资的可能性就大，资金链紧张，就会压缩后续投资。因此，要对房地产开发企业的资金状况进行监测。

四是对市场运行情况进行监测。对市场运行情况进行监测重点是防范可能出现的各类风险，主要包括对市场房价进行监测预警、对供求状况进行监测预警、对流动性风险情况进行监测预警。可选择房价及其涨幅、租金价格及其涨幅作为监测指标，并采用房价收入比、房价租金比和住房可支付性指数三类指标作为判断房价合理水平的预警指标。对房地产市场供求状况进行监测预警可选择商品房新开工面积及增速、商品房销售面积及增速、库存销售比等作为监测指标。对流动性风险的监测可重点关注房地产开发投资完成额和房地产开发企业资金来源情况。

五是监测房地产市场相关政策变化情况。房地产市场受相关政策影响较大，如住房金融政策收紧、购房需求和房地产开发企业的资金需求都会受到较大影响。因此，需要对金融政策、土地政策和税收政策等的变化情况进行监测。

需要指出的是，在利用监测指标对市场形势进行分析判断时，首先需要检验监测指标的有效性，所利用的监测指标只有很好地解释过去市场的波动，并在过去的预测中取得较好效果，才可能成为对房地产市场形势进行分析判断的重要依据。同时，对房价收入比、住房可支付性指数等国际上常用的指标，也要准确把握其内涵，而不宜简单地"移植"使用。

四、加强政策调控的针对性

房地产市场是受政策影响较大的市场。相关政策要取得预期效果，要在准确把握房地产市场发展阶段的基础上，根据市场波动的主要原因，采取有针对性的政策组合。总体来说，在市场供不应求的阶段，要更加重视增加市场供给方面的政策。在进入市场供求基本平衡的阶段，要更加重视防范房地产泡沫风险和供给过剩型风险。从美国等典型经济体房地产市场波动历程看，要实现房地产市场持续稳定运行，关键是要实行中性的住房政策组合，既不要人为刺激房地产市场，也不要人为抑制房地产市场。在金融、土地、税收等主要政策工具的使用上，要坚持政策中性、稳定和可预期原则。

我国房地产市场调整有望在三季末结束①

房地产市场的周期调整一般要经历"销量下降—投资下降—价格下降—销量回升—价格回升—投资回升"的过程。2007 年四季度，我国商品房销售面积增速开始明显下降，2008 年商品房销售面积持续出现负增长，降幅逐步扩大，2008年下半年以来房地产投资增速大幅回落，2008 年 8 月份房地产价格环比开始出现下降。2009 年以来，判断房地产市场周期趋势的销量、价格等主要指标已初现企稳或企稳回升趋势，初步预计始于 2007 年四季度的房地产市场调整将于 2009 年三季度末结束。

一、房地产销量开始回升，市场持续回暖具备需求基础

2009 年 1～4 月，全国商品房销售面积 17 625 万平方米，同比增长 17.5%，增速比 1～3 月加快 9.3 个百分点。其中，商品住宅销售面积同比增长 18.6%，增速比 1～3 月加快 9.9 个百分点。1～4 月商品房销售面积不仅扭转了 2008 年持续负增长的状况，而且销售面积已经超过销售量最高的 2007 年同期水平。

① 本文为 2009 年 5 月刊发的国务院发展研究中心内部研究报告。

房价收入比①是衡量消费者购房能力的主要指标之一。2008 年全国商品住宅销售量虽然比 2007 年下降了 20.3%，但房价收入比并未出现上升，反而比 2007 年有所下降。在房价收入比下降的情况下，2008 年商品住宅销量的下降可能与 2007 年的利率上升、转让环节税率提高、对二套房的抑制性信贷政策等因素有关。由于目前的房价收入比为 10 年来最低，而利率、交易税费等与住房消费相关的政策为近 10 年最好，近期房地产销量的回升具有可持续性，如不发生其他突发性情况，2009 年全国住宅销售量不仅将明显超过 2008 年，而且有望超过销量水平最高的 2007 年（图 1）。

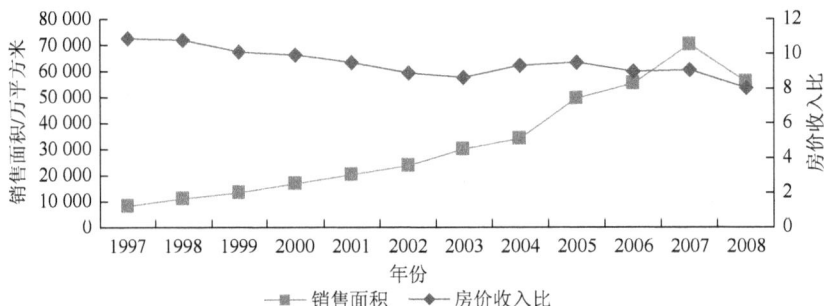

图 1　1997～2008 年城镇商品住宅销售面积与房价收入比

二、价格初现企稳迹象

在商品房销售面积回升的同时，房地产价格从 3 月份开始环比出现正增长。3 月份，全国 70 个大中城市房屋销售价格环比上涨 0.2%，其中新建住宅销售价格环比上涨 0.1%，扭转了 2008 年 8 月份以来房价环比下降的状况。4 月份全国 70 个大中城市房屋销售价格环比上涨 0.4%，比 3 月份涨幅扩大 0.2 个百分点。由于目前的房价收入比明显低于历史均值水平，价格企稳有望持续。

虽然全国的房价收入比处于近 10 年的最低水平，但也要看到，北京市等个别中心城市的房价收入比仍明显高于近 10 年的平均水平。例如，北京市 2007 年和 2008 年的房价收入比均已超过 18 倍，不仅明显高于全国平均水平，也比北京市 2002～2005 年房价收入比的均值水平高出 50%，即北京市的房价明显超出合理水平。问题在于，北京市房价过高的原因并不仅仅是需求过旺或投机炒作造成的。

---

① 本文用的房价收入比的数据含义为，购买建筑面积为 100 平方米的房屋总价与当年全国城镇户均可支配收入之比，即房价收入比=当年全国住宅销售均价×100/当年全国城镇户均可支配收入。

2005 年之后，北京市商品房销量逐年大幅回落，2007 年北京市商品房销量只相当 2005 年的 69.7%，而同期全国商品房销量持续大幅增长，2007 年全国商品房销售面积为 2005 年的 1.43 倍。北京市房价过高更重要的原因是新增供应量不足。2003 年以后，北京市新开工面积逐年下降，2008 年北京市商品房新开工面积只相当于 2003 年的 68.1%，而同期全国商品房新开工面积逐年上升，2008 年全国新开工面积是 2003 年的 1.75 倍。如果不能增加供应量，北京市的高房价将很难回落到合理水平。

三、房地产投资第三季度末有望反弹

2008 年以来，为应对销量下滑和缓解资金压力，房地产开发企业对开发进度进行了调整，2008 年下半年开始房地产开发投资增速持续快速回落，房地产竣工面积也首次出现负增长。2009 年 1～4 月，全国房地产开发投资同比只增长 4.9%，比 2008 年同期回落 27.2 个百分点，其中土地购置面积、土地开发面积和房屋新开工面积同比均出现负增长。虽然房地产投资增速大幅回落，但与房地产投资相关的各主要指标目前均已出现企稳或企稳回升迹象。

一是房地产企业的资金状况明显改善。2009 年 1～4 月，房地产开发企业本年资金来源 13 512 亿元，同比增长 12.4%，增速比 2008 年全年提高 10.6 个百分点，比一季度提高 3.2 个百分点。特别是 2009 年 1～4 月个人按揭贷款同比增长 28.7%，不仅扭转了 2008 年个人按揭贷款负增长的状况，而且增速逐月加快。房地产开发企业资金来源状况的好转为投资增速的回升奠定了较好基础。

二是房地产市场去库存化速度在加快。我国房地产销售采取预售制，用当年商品房销售面积占新开工面积的比例变化情况可以较为准确判断市场待售房状况。由于 2008 年商品房销售面积大幅下降，当年商品房销售面积占新开工面积的比例由 2007 年的 81.1%大幅下降为 63.6%（63.6%的比率仍与 1997～2004 年的均值水平相当）（图 2）。商品房销售面积占新开工面积比例越低，待售房屋面积就越多，房地产开发企业占用的资金量就越多，其进行市场调整的压力也就越大。2008 年四季度是房地产企业待售面积和资金压力最大的时期，为应对销售和资金方面的压力，房地产企业一方面加大价格促销力度，另一方面放慢开发进度，缩减新开工面积。因此，一季度投资增速的大幅回落和新开工面积的下降是市场调整的正常现象。在目前销售面积同比正增长而新开工面积同比负增长的情况下，待售房面积消化速度在加快。从目前新开工面积增速与销售面积增速变化趋势看，预计三季度末待售房面积将回落到正常水平，房地产投资有望在三季度末回升。

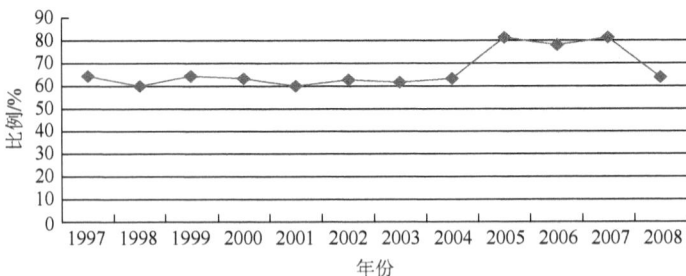

图 2　商品房销售面积与当年新开工面积之比

　　三是房地产开发企业土地购置意愿有所上升。土地购置情况是房地产投资的先行指标之一。由于土地价格回落、资金压力缓解，加之房地产成交量回升，4 月份以来，房地产开发企业土地购置意愿开始上升，全国各主要城市土地成交面积有所放大，流拍现象开始减少。

　　四是房价总体趋稳有助于投资意愿提升。一般在价格稳定、销量回升持续 3 个月后，房地产企业投资意愿就会提升。从全国房价收入比等指标来看，二季度全国房价总体水平将有望企稳，销量会进一步回升。

　　由于宏观经济形势变化，以及利率、信贷、交易税费等政策的调整均会对房地产市场产生影响，在宏观经济形势基本企稳及与住房消费相关的政策保持稳定的情况下，综合上述情况，预计二季度房地产投资增速仍将保持较低水平，新开工面积仍会维持负增长，但随着待售房消化速度的加快，投资增速有望在三季度末回升。

2015 年房地产形势分析与建议①

一、2014 年房地产市场形势的主要特点

　　2014 年房地产市场形势出现了较大变化，认清 2014 年房地产市场变化的特点和原因，将有助于准确判断 2015 年乃至"十三五"时期中国房地产市场形势变动趋势。

―――――――――――――――

① 本文已发表于《中国经济报告》2015 年第 1 期。

一是房地产开发投资增速明显放缓。2014 年 1~11 月，全国房地产开发投资 86 601 亿元，同比名义增长 11.9%，增速较 2013 年同期回落 8.5 个百分点，较 2014 年上半年低 2.2 个百分点。2014 年房地产开发投资增速是 1999 年以来最低的一年，也是自 1999 年以来第一次出现房地产开发投资增速连续 3 年低于 20%。

二是房屋新开工面积开始下降，基本确认 2013 年成为中国房屋新开工面积的峰值点。2014 年 1~11 月房地产开发企业房屋新开工面积 164 705 万平方米，同比下降 9.0%；其中，住宅新开工面积 114 637 万平方米，同比下降 13.1%。根据第六次全国人口普查数据和近几年住房竣工等数据推算，2013 年全国城镇户均住房在 1.0 套左右，即我国房地产市场供求状况已由供不应求转为供求基本平衡。从日本等典型经济体房地产市场发展历程看，在户均住房套数达到 1.0 套左右时，将出现新开工面积的峰值。参照典型经济体房地产市场发展的历程，基本可以判断 2013 年是我国房屋新开工面积的峰值，因此 2014 年房屋新开工面积的下降固然有短期调控政策影响的因素，但更重要的是表明我国房地产发展阶段已发生变化，房地产开发投资增速放缓、房屋新开工面积下降都是符合规律的，也是正常的。

三是商品房销售面积和销售额双双下降，但销售面积和销售额总体仍处于历史高位。2014 年 1~11 月份，商品房销售面积 10.2 亿平方米，同比下降 8.2%；商品房销售额 64 481 亿元，同比下降 7.8%。商品房销售面积和销售额双双下降主要受 2014 年前三季度银行贷款利率提高及商业银行更加谨慎地发放住房贷款影响。根据中国人民银行 2014 年第三季度货币政策执行报告，2014 年 9 月个人住房贷款加权平均利率为 6.96%，比 3 月上升 0.26 个百分点，比 2013 年 12 月上升 0.43 个百分点。由于居民购买住房大都需要借助银行信贷的支持，贷款利率走高及银行审慎发放住房贷款必然影响到购房人的支付能力。2014 年 1~11 月份在房地产开发企业的到位资金中，个人按揭贷款为 12 130 亿元，较 2013 年同期下降了 4.2%。个人按揭贷款的减少必然带来商品房销售面积和销售额的下降。2014 年 9 月底以来，随着住房金融政策调整及大多数实行限购的城市调整了限购政策，商品房销售情况开始出现一些回暖迹象。虽然 2014 年商品房销售面积和销售额都较 2013 年减少，但 2014 年的商品房销售面积和销售额仍处在有史以来的第二高位，仅低于 2013 年。

四是大中城市新建商品住宅价格小幅下降，但全国商品房销售均价总体与

2013 年持平。2014 年 11 月与上月相比，全国 70 个大中城市中，价格下降的城市有 67 个，持平的城市有 3 个；与 2013 年同月相比，全国 70 个大中城市中，价格下降的城市有 68 个，上涨的城市有 2 个。虽然 70 个大中城市中绝大多数出现了同比下降的情况，但 11 月与 2013 年同月相比，降幅最大的为 9.9%，大部分城市降幅在 3%以内。从全国来看，1～11 月全国新建商品住宅销售均价为 5955 元/平方米，与 2013 年同期上涨 0.3%（表 1）。

表 1　全国房地产市场主要指标同比变化情况　　　　（单位：%）

项目	2011 年	2012 年		2013 年		2014 年	
	1～12 月	1～6 月	1～12 月	1～6 月	1～12 月	1～6 月	1～11 月
房地产开发投资	27.9	16.6	16.2	20.3	19.8	14.1	11.9
房屋新开工面积	16.2	−7.1	−7.3	3.8	13.5	−16.4	−9.0
房屋施工面积	25.3	17.2	13.2	15.5	16.1	11.3	10.1
商品房销售面积	4.9	−10.0	1.8	28.7	17.3	−6.0	−8.2
商品房销售额	12.1	−5.2	10.0	43.2	26.3	−6.7	−7.8
房地产开发企业资金来源	14.1	5.7	12.7	32.1	26.5	3.0	0.6
个人按揭贷款	−12.2	0.8	21.3	60.4	33.3	−3.7	−4.2
土地购置面积	2.6	−19.9	−19.5	−10.4	8.8	−5.8	−14.5

资料来源：国家统计局

二、对 2015 年房地产形势的基本判断

房地产市场是受政策影响较大的市场。如果金融、土地、税收和住房保障政策不发生重大变化，预计 2015 年房地产投资增速将继续回落，销售情况将好于 2014 年，全国新建商品住宅销售均价将高于 2014 年。需要关注的是，由于我国房地产市场的发展阶段已发生重大变化，房地产市场的主要运行指标将不再呈同向变动趋势。

2015 年房地产开发投资增速将继续回落。房地产开发企业的资金状况是决定短期内房地产开发投资形势的最主要因素。2014 年，由于商品房销售面积和销售额双双下降，房地产开发企业资金回笼速度减慢，库存增加。2014 年 1～11 月份，房地产开发企业到位资金 110 115 亿元,同比增长 0.6%,到位资金增速不仅是 1998 年以来最低的,而且到位资金增速持续低于 10%的时间也是 1998 年以来最长的一

次。到位资金增长情况是后续房地产开发投资增速的领先指标，目前房地产开发企业到位资金的低增速预示着 2015 年房地产开发投资增速将继续回落。由于 2014 年商品房销售下降，房地产开发企业待售面积持续增加。2014 年 11 月末，商品房待售面积 59 795 万平方米，比 10 月末增加 1556 万平方米，比 2013 年同期增加 12 989 万平方米。商品房待售面积高企也将抑制房地产开发企业的后续投资能力。从中长期发展趋势看，由于我国房地产市场已从供不应求转向供求总体平衡、局部过剩，借鉴日本、德国等典型经济体房地产市场发展规律，我国房地产开发投资增速正处于正常的回落阶段。综合判断，预计 2015 年房地产开发投资增速将继续回落，房屋新开工面积也将继续下降（图 3）。

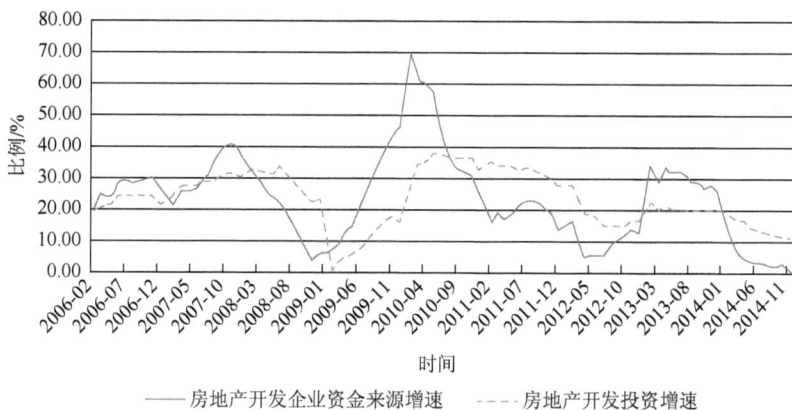

图 3　房地产开发企业资金来源增速与房地产开发投资增速

资料来源：国家统计局

2015 年房地产销售情况将好于 2014 年。2014 年 9 月 29 日，中国人民银行、银监会出台了《关于进一步做好住房金融服务工作的通知》，积极支持居民家庭合理的住房贷款需求，并调整了"认房又认贷"的政策，对正常的改善型需求也可参照首套房的信贷政策。2014 年 11 月 21 日晚，中国人民银行决定自 2014 年 11 月 22 日起下调金融机构人民币贷款和存款基准利率，其中中长期贷款利率由 6.55%下降到 6.15%。住房信贷政策的调整将明显降低居民的购房成本，特别是将释放数量最为庞大的有改善意愿、有支付能力的改善型需求。考虑到 2014 年大部分城市房价稳中略降，有同期居民收入仍保持较快增速，即居民的住房支付能力在相对提高。由于目前物价水平处在低位，2015 年我国存贷款利率仍有下调空间，如果贷款利率进一步下调，将会进一步提高购房人的支付能力。综合判断，2015

年房地产销售情况将好于 2014 年。

2015 年房价将企稳回升。市场供求状况和住房支付能力是决定房价波动情况的两个最主要因素。供不应求将带动房价上涨，供过于求将抑制房价上涨乃至出现房价下降的情况，近年来鄂尔多斯等部分城市房价持续下行其根源就在于出现明显的供给过剩问题。住房支付能力主要取决于房价收入比和住房金融政策，其中住房金融政策、特别是利率政策的变化对房价短期波动影响尤为显著。从市场供求关系看，目前市场仍处于去库存阶段，但随着销售逐渐好转及住房新开工面积的下降，预计到 2015 年三季度前后库存有望回到相对正常的水平。从房价收入比[①]的变化情况看，1998 年到 2013 年我国的房价收入比均值为 8.97 倍。其中，1998年最高，为 10.8 倍；2013 年最低，为 7.6 倍。这表明虽然 1998 年以来房价名义涨幅较高，但由于居民收入名义涨幅更高，居民的住房支付能力是在提高。2014年全国新建商品住宅销售均价与 2013 年基本持平，而城镇居民人均可支配收入仍保持 9% 以上的增速，这意味着 2014 年全国的房价收入比将低于 2013 年，处于1998 年以来的最低水平。考虑到贷款利率下调和对改善型需求的信贷支持将提高购房人的支付能力，预计 2015 年全国新建商品住宅销售均价将企稳回升，特别是下半年开始涨幅将有所加大。

三、进一步完善房地产相关政策的建议

由于我国房地产市场已从过去的供不应求转向供求基本平衡、局部过剩，需要根据房地产市场发展阶段的变化，适时调整完善房地产市场相关政策，努力实现房地产市场持续健康发展。

（1）更加重视实行中性的住房金融政策。住房金融政策的变化是住房市场短期波动的首要原因，利率等信贷政策的调整会影响到购房人的支付能力，进而造成市场需求的波动和价格的明显变化。美国、日本等经济体房地产泡沫的产生和破灭都与住房金融政策、特别是利率政策的调整直接相关。在房地产市场从供不应求向供求基本平衡、局部过剩转变后，要实现房地产市场平稳运行，必须吸取美国、日本等经济体住房金融政策方面的教训，尽可能保持住房金融政策基本稳

---

① 房价收入比：一般定义为一套住房的价格是一个家庭年收入的多少倍，本文所使用的房价收入比是指用城镇户均可支配收入购买一套价格相当于当年城镇商品住宅销售均价的 100 平方米的住房需要多少年。

定。建议实行中性的住房金融政策，可实行住房首付和贷款利率反向调整，如在贷款利率下调时，适当上调首付比例，防止因利率政策调整造成购房人支付能力发生重大变化，造成市场需求和房价的大幅波动。由于居民购买住房大多需要住房金融的支持，在住房金融政策方面要统筹考虑鼓励自住、抑制投机和防范风险三个方面的目标。为此，金融政策既要适应居民通过多次换购住房不断改善居住条件的需求，也要防止滥用住房金融支持进行投机性购房，防范金融风险。

（2）进一步完善房地产税收体系。一是调整税收政策的目标，将税收政策回归到筹集财税收入等根本目标，不在将其作为房地产调控的主要政策工具。经济学理论已经证明，在其他条件不变的情况下，交易环节征税的结果是价格上升和交易量下降。从典型经济体房地产税收政策的效果看，房产税既未起到稳定市场运行的作用，也无法防范房地产泡沫的产生和破灭。例如，美国早在1792年就开始征收房产税，日本、中国香港的房地产税收体系也相对健全，但这些经济体都经历过房地产泡沫和泡沫的破灭。因此，完善房地产税收政策的出发点应放在完善税制、筹集财政收入等方面，而不宜将其作为房地产调控的主要政策选择。二是大幅降低房地产交易环节税费，鼓励梯度消费。目前我国住房交易环节征收的营业税、所得税、契税等各项税费已接近成交价格的10%，交易成本过高，极大抑制了居民换购住房的需求，既不利于居民树立梯度消费的理念，也不利于增加二手房的市场供应，无法充分发挥存量房对房地产市场的调节作用。建议大幅降低房地产交易环节的税费，可将营业税的收取年限从5年减为2年或取消二手房交易环节的营业税，取消个人所得税，适当降低契税税率。随着我国住房总量规模的不断扩大，完善有利于居民持续换购住房的税收等方面的政策，不仅有利于不断提高居民居住水平，而且居民换购住房会对房产中介、建材、家具、家电、装修等相关行业形成较大的带动作用，这也会在一定程度上对冲房地产投资增速正常回落的影响。三是从完善税制的目标出发，及时总结和稳妥推进个人住房的房产税试点。

（3）各地要根据存量住房状况和人口总量、结构变化趋势，合理确定年度新增住房供应规模。由于住房市场供求关系已发生重大变化，未来不应过多强调加快住房建设这一目标，而应重视根据人口总量和结构变化趋势及住房市场供求状况，合理确定新增住房规模，实现住房市场供求总体平衡和平稳发展。针对一些城市待售房规模过大、供给过剩较为突出的问题，需要采取有针对性的措施，化解部分城市供给过剩型的风险。对住房新增供应量过大和去库存周期过长的城市，建议严控新增住房用地规模，通过减少土地供应量逐步解决部分城市供应量过大问题，防止产能过剩问题在房地产领域蔓延。

（4）进一步完善住房保障政策。2008 年以来，我国开始大规模实施城镇保障性安居工程建设。继"十一五"全国开工建设各类保障性住房和棚户区改造住房 1600 多万套以后，累计解决近 2200 万户城镇低收入和部分中等偏下收入家庭的住房问题以后，"十二五"又提出建设保障性安居工程 3600 万套的任务目标，以及 2013～2017 年 1000 万套棚户区改造任务。经过 2008 年以来保障房的大规模建设，我国实物型保障房的比例已接近 20%。考虑到我国住房总量不足的矛盾已基本解决，建议进一步调整和优化住房保障供应体系，逐步提高货币补贴在住房保障方式中的比例，在"十二五"集中、大规模建设保障性安居工程的基础上，将住房保障方式逐步从实物建房为主转向以货币补贴为主，多种保障方式相互补充，逐步推动住房保障方式转型。

美国房地产市场复苏难以持续[①]

2015 年 9 月，美国成屋销售折年数达到 555 万套，是国际金融危机发生以来的最高水平。由于房屋销售持续回暖，美国新屋开工量也持续增加，2015 年二季度以来美国新屋开工折年数稳定在 115 万套左右，是国际金融危机后新屋开工量最低时的 2 倍左右。随着销售回暖，美国房价也不断上涨，目前各界普遍对美国房地产市场复苏持乐观态度。但从房地产市场运行的主要监测指标观察，可以发现，美国房地产市场的复苏越来越不具有可持续性，甚至蕴含一定的风险。

一、美国房地产市场复苏基础并不稳固

国际金融危机发生后，美国房价出现了大幅回落，美国新建住房销售中间价由 2007 年 24.79 万美元/套回落到 2009 年的 21.67 万美元/套，降幅达到 12.3%，部分城市降幅更大。但随着美联储大幅降低利率并实行量化宽松政策，从 2010 年起，美国房价开始企稳回升，2010～2013 年，美国新建住房销售中间价涨幅分别为 2.35%、2.43%、7.92% 和 9.67%。2013 年美国新建住房销售中间价为 26.89 万美元/套，

---

① 本文于 2015 年 11 月 2 日发表在《财经》2015 年第 30 期。

已超过国际金融危机发生前的房价水平。2014 年美国新建住房销售中间价继续上涨 5.47%，达到 28.36 万美元/套。虽然美国房价持续攀升，库存也低于危机之前的水平。但从美国房地产市场运行的主要指标观察，美国房地产市场复苏的基础并不稳固。

一是国际金融危机发生后，美国的家庭收入增长缓慢，难以支撑持续上涨的房价。2008 年，美国全部住户家庭收入中位数为 50 303 美元，金融危机发生后，美国全部住户家庭收入中位数在 2009 年和 2010 年连续两年出现下降。从 2011 年开始，美国的家庭收入出现恢复性增长，但增速较为缓慢。2011～2014 年，美国全部住户收入中位数同比名义增速分别为 1.58%、1.92%、5.03% 和 0.13%，收入增速明显低于同期房价涨幅。由于家庭收入增长缓慢，意味着持续攀升的房价缺乏坚实的基础。

二是房价的持续快速上涨主要是低利率政策推动，一旦美联储开始加息，则推动房价持续快速上涨的动力将会消退。为应对国际金融危机，美国采取了一系列"救助"措施，通过中央银行扩大资产负债表、财政担保等方式为市场注入流动性，同时大幅度降低利率水平，以刺激经济。美国住房抵押贷款 30 年期固定利率在 2008 年 9 月份之前一直在 6% 以上，到 2011 年年底已低于 4%，今年以来住房抵押贷款 30 年期固定利率水平也一直低于 4%。在美国家庭收入增长缓慢的情况下，由于利率大幅降低，购房人的支付能力在短期内显著提高，美国住房购买力综合指数由危机前 2006 年 7 月的 101 回升到 2012 年 2 月的历史高点 210。住房购买力指数与利率水平高度相关，一旦美联储开始加息，则必然带来住房购买力指数的下降，推动美国房价上涨的动力也将很快消退。

三是新屋销售量和开工量虽然持续增加，但并未恢复到次贷危机之前的正常水平。2012 年以来，随着美国房价涨幅加大和待售房数量处于低位，美国新屋开工量开始持续增加。2015 年以来，虽然美国新屋开工量继续保持在较高水平，但目前的新屋开工量仍较次贷危机发生前的长期均值水平低 20% 以上。

二、美国房地产市场风险开始增大，持续复苏难度加大

随着美国住房价格的持续上涨，在表面的繁荣背后，美国房地产市场的风险开始增大，持续复苏的难度也显著加大。

一是由于房价名义涨幅显著超过收入涨幅，美国的房价收入比已超过美国次贷

危机发生前的最高水平，房地产市场的风险显著加大。2010年以来，美国的房价开始缓慢回升，房价涨幅开始超过同期居民收入涨幅。随着2012~2014年美国房价涨幅持续加大，美国的房价收入比快速攀升。按房价和收入的中间价计算，2014年美国新建住房销售中间价28.36万美元/套，当年美国全部住户家庭收入中位数为53 657美元，房价收入比为5.29倍，已超过次贷危机爆发前美国房价处于高位时的房价收入比，处于1967年以来的最高水平。按房价和收入的平均价计算，2014年美国新建住房销售平均价为34.34万美元，当年美国全部住户家庭收入平均数为75 738美元，房价收入比为4.53倍，仅略低于2004~2007年的水平，而显著高于美国房价收入比长期均值水平3.67倍。房价泡沫风险的典型特征是房价持续较快上涨且房价涨幅显著高于同期居民收入涨幅。一旦诱发房价涨幅超过收入涨幅的短期因素发生变化，房价泡沫风险将会很快爆发。从历史上看，日本的房地产泡沫、美国的次贷危机和香港90年代中后期出现的房地产泡沫阶段的房价高涨幅对应的是收入低涨幅，即收入水平不支撑房价的过快上涨而形成房地产泡沫。2013年以来，随着美国房价涨幅加大，美国的房地产已再次出现较为明显的泡沫迹象。一旦美国调整低利率政策，房地产市场面临的风险将会不断加大。

二是房价涨幅过快已透支了美国持续低利率的政策效果，美国住房购买力指数也在快速下降。金融危机发生后，随着美国利率水平大幅回落，美国住房购买力指数不断回升。美国住房购买力综合指数由危机前2006年7月的101回升到2012年2月的历史高点210。此后，随着美国房价涨幅加大，而家庭收入涨幅缓慢，利率难以继续下行，美国住房购买力指数开始下降，2015年8月，美国住房购买力指数已回落到157.7。这表明，由于房价涨幅过快，低利率已难以进一步提升居民的购房能力，美国家庭的潜在购房能力正在下降。

三、美国房地产市场能否避免重蹈覆辙

以房价收入比衡量，目前美国的房地产市场已出现较为明显的泡沫迹象。但也要看到，目前美国房地产市场与次贷危机发生前相比，仍存在一些显著差异。一是目前美国的利率处于历史最低水平，同次贷危机发生前的利率环境存在较大差异。由于利率水平仍维持在历史低位，美国住房购买力指数目前仍显著高于次贷危机发生前的任何一年。二是目前美国的新屋开工量仍低于历史均值水平，新屋待售量处于历史较低水平。2015年8月，美国新屋待售量为22.1万套，虽然较

2012年7月14.2万套的低点有了明显提高，但总体仍处于历史较低水平，同次贷危机发生前供给量过大存在一定差异。虽然目前美国房地产市场持续复苏的难度开始显著加大，并已出现一定的风险迹象，但在新屋待售量较低和利率仍处于历史低位的情况下，未来几年美国房地产市场的走向仍存在多种可能性。

一是美联储开始加息，房屋贷款利率水平持续走高，房价仍保持上涨且涨幅超过家庭收入涨幅，新屋开工量继续增加，新屋待售量持续增加，则美国房地产市场的风险将进一步加大，并会在持续加息后再次出现房地产泡沫的破灭。二是适时转向中性的住房金融政策，主动抑制房地产风险的进一步累积，即通过给房地产市场适度降温的方式来避免未来可能出现的较大风险。三是美国经济稳步向好带来居民收入增速提高且高于房价涨幅，即通过基本面的改善来降低当前面临的风险。

回顾美国次贷危机的发生，固然有向不符合条件的低收入购房者过度放贷的原因，但主因仍是美国网络股破灭后持续的低利率政策提升了居民的购房支付能力进而显著推高房价形成房地产泡沫。历史似乎惊人的相似，国际金融危机发生后，美国仍然将低利率作为一味"良药"来刺激经济和实现房地产市场的复苏。低利率的"疗效"不断显现，但持续时间越长，带来的副作用也会越来越明显。当持续的低利率政策造成美国房地产市场再次出现风险迹象时，这一次，美国会如何应对？美国房地产市场会否重蹈覆辙？

房地产发展态势评估与健康发展长效机制

一、对"十二五"时期房地产发展态势的基本判断

"十二五"时期我国的房地产市场形势发生了较大变化。随着房地产开发建设的持续较快增长，房地产市场正在从供不应求转向供求基本平衡，部分城市还出现了较为明显的供给过剩问题。"十二五"期间也是我国保障房建设规模最大的时期，城镇住房保障覆盖率显著提高。"十二五"期间，个别城市的房地产风险问题开始凸显，各界对房地产市场的整体风险问题愈加关注。对"十二五"时期房地产发展的基本态势做出准确判断，将有利于更好地分析评估"十三五"时期房地产发展态势。

1. 房地产市场总体进入供求基本平衡阶段，部分城市出现供给过剩问题

2010年以来，我国住宅新开工面积较此前大幅增长，2010～2013年4年间住

宅年均新开工面积达到 13.8 亿平方米,年均住宅新开工面积是 2006 年的 2.14 倍。其中,部分城市房地产市场新增供应量尤为显著。由于市场供应量持续快速增长,房地产市场的供求关系出现重大变化。根据第六次全国人口普查数据和近几年住房竣工等数据推算,2013 年全国城镇户均住房已达到 1.0 套左右,即目前我国房地产市场供求状况已由供不应求转为供求基本平衡。从日本、英国等典型经济体房地产市场的发展历程看,大规模的住房建设期基本出现在人口较快增长、住房总量不足的阶段,而在户均住房超过 1 套后,将会出现住房建设峰值,此后随着人口增速的放缓和住房短缺问题的解决,新建住房数量将出现下降趋势,房地产市场也将从快速发展阶段转向平稳发展阶段(图 4~图 6)。借鉴日本等发达经济体住房市场发展规律,可以判断我国住房建设的峰值已到。由于住房建设规模占全部房屋建设规模的 75%左右,且商业营业用房、办公楼等建设规模与住房建设规模保持相对稳定的关系,住房建设峰值的出现意味着房屋建设峰值也已临近。2011 年,我国住宅新开工面积出现峰值,当年新开工面积为 14.7 亿平方米,2013 年我国房屋新开工面积为历史最高,达到 20.1 亿平方米。由于住房新开工面积峰值已经出现,户均住房已达到 1.0 套左右,待售房面积开始增加,借鉴国际经验,可以判断 2013 年已成为我国房屋新开工面积的峰值。因此,2014 年以来,房地产开发投资增速的回落、包括房屋新开工面积的下降是房地产市场发展到一定阶段的必然结果,是趋势性的,也是正常的回落。随着我国房地产市场由供不应求向供求基本平衡的转变,我国的房地产市场正在从此前的快速发展阶段向平稳发展阶段过渡。认识到房地产市场发展阶段的变化,将有利于更准确地判断当前房地产市场调整的性质和趋势。

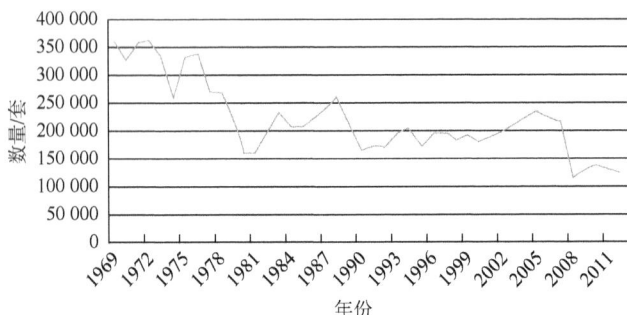

图 4　英国新建住宅开工数量

资料来源:国务院发展研究中心市场经济研究所数据库

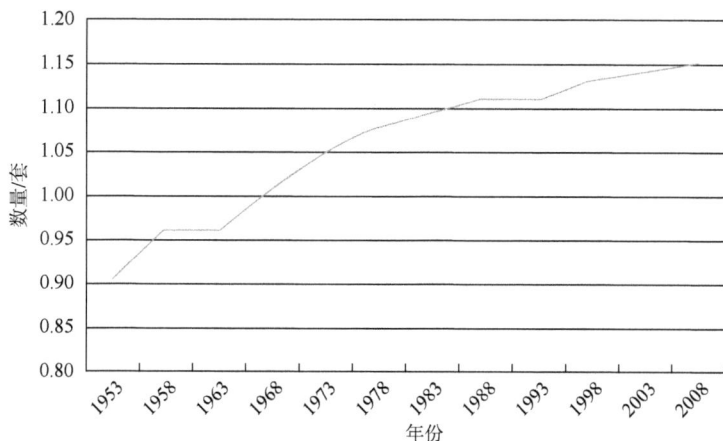

图 5　日本户均住宅套数

资料来源：国务院发展研究中心市场经济研究所数据库

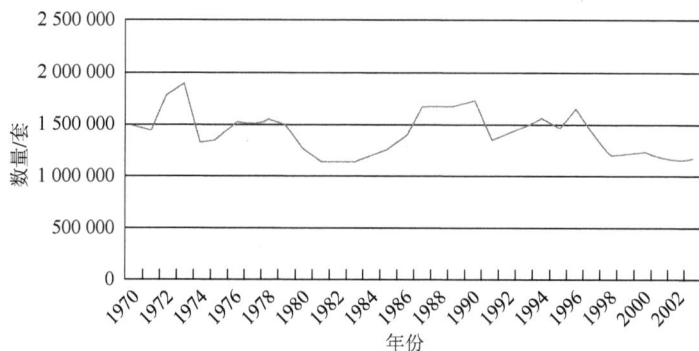

图 6　日本新建住宅开工数量

资料来源：国务院发展研究中心市场经济研究所数据库

2. 保障房建设显著加快，保障房覆盖率显著提高

2008 年以来，我国开始大规模实施城镇保障性安居工程建设。继"十一五"全国开工建设各类保障性住房和棚户区改造住房 1600 多万套以后，累计解决近 2200 万户城镇低收入和部分中等偏下收入家庭的住房问题以后，"十二五"又提出建设保障性安居工程 3600 万套的任务目标，以及 2013～2017 年 1000 万套棚户区改造任务。截至 2013 年，保障性安居工程建设累计新开工量 2494.04 万套，占"十二五"任务量的 69.3%。从保障房住房和棚户区改造的实际进度看，预计"十二五"末保障房建设任务将顺利完成，将累计解决 5800 万户城镇家庭的住房保障问题，覆盖城镇人口比例将超过 20%（图 7）。

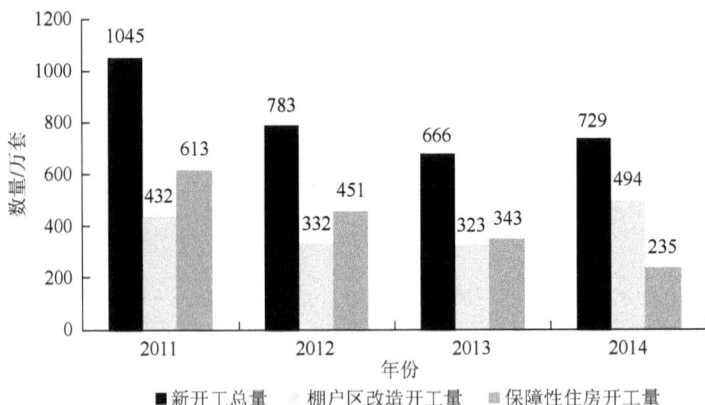

图 7　2011～2013 年保障性安居工程新开工结构

3. 房地产市场的总体风险尚处在可控状态，但局部和潜在风险开始显现

房地产风险主要包括房价泡沫风险、供给过剩风险和流动性风险三类。"十二五"时期，房地产市场的总体风险尚处在可控状态，但局部和潜在风险开始显现。

一是房价名义涨幅虽然较高，但尚不存在全局性的房价泡沫风险。房价泡沫风险是各界最为关注的风险，其典型特征是房价持续较快上涨且房价涨幅显著高于同期居民收入涨幅。一旦诱发房价涨幅超过收入涨幅的短期因素发生变化，房价泡沫风险将会很快爆发。观察典型经济体房地产市场的波动历史，可以发现，全国性的房价泡沫风险通常是由不恰当的房地产金融政策，特别是低利率、低首付政策引发，而在长期低利率后持续较快上调利率则是引爆房价泡沫风险的最主要因素。同全国性的房价泡沫风险不同，个别城市的房价泡沫风险通常是由短期内大量外部资金的进入导致或与人口持续流入过程中供应量过少有关。监测房价泡沫风险最有效的指标是特定国家或城市房价收入比的多年均值，一旦特定国家或城市的房价收入比出现明显超过多年均值的情况，则可以断定居民的住房支付能力在下降，房价泡沫风险已在累积。

1998 年城镇住房制度改革以来，我国新建商品住宅销售均价总体保持较快上涨态势，2013 年全国新建商品住宅销售均价为 5850 元/平方米，是 1998 年的 3.16倍，2003 年的 2.66 倍。但必须看到，这一阶段也是我国居民收入增速最快的时期。2013 年全国城镇居民人均可支配收入为 26 955 元，是 1998 年的 4.97 倍，2003 年的 3.18 倍。从全国来看，居民收入涨幅显著高于同期房价涨幅。从国际经验看，美国、日本、德国和中国香港等典型经济体在人口快速增长、收入快速增长和住房总量相对不足的阶段，房价涨幅也普遍较高，这些经济体都曾经经历过房价年均涨幅在 10%左右、但房地产市场运行仍比较正常的阶段。而目前各界经常谈论的日本的房地产泡沫、美国的次贷危机和中国香港 20 世纪 90 年代中后期出现的房地产泡沫阶段的房价高涨幅对应的是收入低涨幅，即收入水平不支撑房价的过快上涨而形成房地产泡沫。从房价收入比[①]的变化情况看，1998 年到 2013 年我国的房价收入比均值为 8.97 倍，其中 1998 年最高，为 10.8 倍，2013 年最低，为 7.6 倍。这表明虽然 1998 年以来房价名义涨幅较高，但由于居民收入名义涨幅更高，居民的住房支付能力是在提高。正是由于有收入水平支撑，商品房销售面积才保持了持续较快增长态势。2014 年全国新建商品住宅销售均价与 2013 年基本持平，而城镇居民人均可支配收入仍保持 9%以上的增速，这意味着 2014 年全国的房价收入比将低于 2013 年，处于 1998 年以来的最低水平。由于目前的房价收入比处于 1998 年以来的最低水平，因此并不能得出存在全局性房价泡沫风险的结论（图 8）。

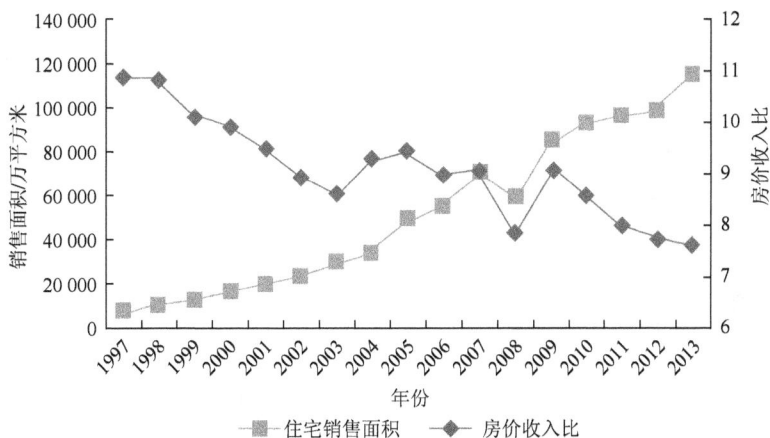

图 8　我国城镇住宅销售面积与房价收入比
资料来源：国务院发展研究中心市场经济研究所数据库

　　二是市场供求状况已发生重大转变，但尚未出现明显的供给过剩迹象。供给过剩型风险是由于市场供应量明显超过需求量而形成的一种风险。同出现房价泡沫风险时房价收入比显著超过历史均值水平不同，出现供给过剩型风险时房价收入比可能并不高，甚至也可能出现房价收入比低于历史均值的情况。从房价角度

──────────

① 房价收入比：一般定义为一套住房的价格是一个家庭年收入的多少倍，本节所使用的房价收入比是指用城镇户均可支配收入购买一套价格相当于当年城镇商品住宅销售均价的 100 平方米的住房需要多少年。

观察，出现供给过剩型风险时居民可能仍有足够的支付能力。因此，并不能通过房价收入比来判断供给过剩型风险。虽然出现供给过剩型风险时的房价可能不高，但由于供给量过大，远远超过居民的实际需要量，由此必然出现大量房屋无法售出的情况，从而造成房地产开发企业无法顺利回收投资，并进而引发一系列风险。监测供给过剩型风险需要重点关注两类指标，监测中长期的供给过剩要关注特定城市的户均套数指标，监测短期的供给过剩则应重点关注人口结构变化和居民收入情况。1998 年以来，我国住房建设速度明显加快，城镇居民住房条件明显改善，人均居住面积由 1998 年的 18.7 平方米提高到 2012 年的 32.9 平方米。根据第六次全国人口普查数据和近几年住房竣工等数据推算，2013 年全国城镇户均住房在 1.0 套左右，其中住房成套率不超过 80%。根据我国住房户均套数和住房成套率情况判断，目前我国房地产市场供求状况已由供不应求转为供求基本平衡，但尚未出现明显的供给过剩问题。

　　虽然从全国看房地产风险总体可控，但也要认识到，由于不同区域在人口、经济增长和供求状况等方面存在较大差异，不同区域的房地产市场运行态势存在较大差异。目前来看，部分城市存在较为明显的房地产风险，而受金融政策调整等因素影响，潜在的流动性风险问题需要重视。一是部分热点城市存在房价泡沫风险。2003 年以来，部分城市的房价涨幅开始超过同期居民收入涨幅，2007 年以来，部分热点城市的房价涨幅已显著高于居民同期收入涨幅。近两年来，部分热点城市的房价涨幅仍显著高于其他城市。虽然 2003 年以来全国新建商品住宅销售均价涨幅低于同期收入涨幅，但部分热点城市的房价涨幅却显著高于同期收入涨幅，房价泡沫风险值得关注。总体来看，部分热点城市房价过高的根源在于供不应求，其中 2010 年之前部分热点城市房价的加快上涨主要源于其住房新开工面积的持续下降，即供给不足造成的。2011 年以来，热点城市住房新开工面积大都明显增加，但由于在新开工的住宅中可售型的商品房占比较低，结果商品房供应量不足的问题并未根本改变，这就进一步推高了本已偏高的房价。二是一些城市供给过剩型的风险已经凸显。虽然从全国看，尚未出现供给过剩问题，但 2009 年以来一些城市房地产新开工规模增长过快，已明显超过居民正常的需求量，形成供给过剩型风险。供给过剩型风险实际上产能过剩在房地产领域的集中体现，这与我国在钢铁、造船和光伏等行业存在的产能过剩问题基本一致。三是要高度关注潜在的流动性风险。房地产业是开发周期相对较长的资金密集型行业，也是典型的高杠杆行业。房地产业的这种特点决定了房地产开发企业在整个开发周期中的资金来源对外部依赖性大，一旦资金来源出现问题，极易诱发流动性风险。

从房地产业的资金来源看，不论是房地产开发企业从事房地产开发，还是消费者购房，大都需要银行信贷的支持，因此，银行信贷政策的调整会对房地产行业的流动性带来较大影响。例如，银行限制对房地产开发企业的贷款，将会直接影响房地产开发企业的开发能力和开发进度；因宏观环境变化等原因持续上调利率，将会影响购房人的支付能力进而减少购房贷款需求和购房需求，开发企业的资金回笼就会受到较大影响。根据中国人民银行 2014 年第一季度货币政策执行报告，个人住房贷款利率小幅走高，3 月加权平均利率为 6.70%，比上年 12 月上升 0.17 个百分点。而在今年 1～8 月份房地产开发企业的到位资金中，个人按揭贷款为 8697 亿元，较去年同期下降了 4.5%。短期来看，仍需密切关注住房金融政策对房地产市场流动性的影响。

4. 房地产市场的城乡二元体系仍未改变

"十二五"时期，虽然我国城乡居民的住房条件持续改善，2012 年农村居民人均住房面积已达到 37.1 平方米，但房地产市场的城乡二元体系仍未改变。城乡房地产市场在土地制度、住房金融制度、住房保障制度等方面存在显著差别，农村住房的成套率显著低于城市，基础设施不完善、生活便利化程度等方面也存在较大差距。受土地制度等因素制约，目前城乡房地产市场实际上仍处于分割状态。

二、"十三五"时期房地产市场发展的基本态势

1. 由于房地产市场发展阶段变化，房地产开发投资增速将持续回落

从美国、日本、德国等典型经济体房地产市场的发展历程看，房地产市场发展具有明显的阶段性特征。从中长期角度观察，市场供不应求阶段、供求基本平衡阶段和市场供过于求阶段的市场运行特征会存在显著差异。因此，要准确评估"十三五"时期房地产发展态势，首先需要准确把握"十三五"时期房地产市场所处的发展阶段。

2013 年我国城镇户均住房套数已达到 1.0 套左右，从日本等发达经济体房地产市场发展历程看，在户均住房套数达到 1 套后，房屋新开工面积都开始下降。

根据近年来我国房屋新开工面积情况和正常施工进度测算，未来几年将是我国住宅竣工面积的高峰期，这意味着住房存量规模正处于快速增长期，户均住房套数将进一步增加。2008～2013 年，我国房地产开发企业商品住宅新开工面积累计为 73 亿平方米，其中 2011～2013 年分别为 14.7 亿平方米、13.1 亿平方米和 14.6 亿平方米，住宅新开工面积峰值出现在 2011 年。按照商品房平均建设周期 3～3.5 年测算，2011～2016 年，房地产开发企业住宅竣工面积将达到 70 亿平方米左右。2012 年，房地产开发企业住宅竣工面积为全部住宅竣工面积的 79%，所占比例较此前有较大提高。未来几年按照房地产开发企业住宅竣工面积占比提高到 90%测算，保守估计到 2016 年新增住房面积将达到 75 平方米左右。考虑到每年拆迁的住房面积与城市化过程中农民"带房进城"的面积基本相当，则 2011～2016 年净增住房面积将达到 75 亿平方米左右。"十三五"期间如果要实现市场运行平稳，需要市场供求基本平衡，不出现明显的供给过剩，据此到 2020 年前户均住房套数不宜超过 1.1 套。按照 2020 年我国城镇化率 60%，户均人口 2.8 人测算，2020 年按全部城镇人口测算的户数接近 3 亿户，估计家庭户数不超过 2.85 亿户。按照到 2020 年户均 1.1 套住房测算，若实现房地产市场平稳运行，到 2020 年的住房存量套数不宜超过 3.2 亿套。

2010 年存量住宅估计为 2.1 亿套，据此测算 2011～2020 年净增住房套数不宜超过 1.1 亿套。根据目前住宅施工面积和施工周期推算，2014～2017 年房地产开发企业的年均住宅新开工面积不宜超过 10 亿平方米。这意味着"十三五"期间我国住宅的新开工面积将趋于下降，房屋施工面积在"十三五"期间也呈稳步下降态势。由于施工面积的下降，房地产投资增速也将逐步回落，房地产投资对经济增长的带动作用也将减弱。

2. 房屋总体质量不高的问题将愈发凸显

虽然我国住房总量不足的矛盾在"十二五"期间已基本得到解决，但房屋总体质量不高的问题却仍很突出。根据第六次全国人口普查数据，2010 年我国城镇住房的成套率（只同时拥有厨房和卫生间）只有 73%。受规划滞后和住房质量监测要求较低等因素影响，有相当比例的存量房屋在区域配套设施、节能环保设施、老龄化设施等方面存在较多欠账，居住的舒适性和便利性都还难以满足人们的要求。农村住房虽然人均面积较大，但住房质量显著低于城镇居民的水平，住房成套率低的问题更为突出，配套设施较为简陋。随着人民生活水平的不断提高，对住房质量和品质的要求也不断提升。"十三五"期间，预计对存量房屋的综合改造力度将不断加大。

3. 我国将进入容易爆发房地产风险的阶段，要高度重视防范房地产风险

由于我国房地产市场已经从此前的供不应求转向供求基本平衡，部分城市还存在供给过剩问题。从典型经济体房地产市场发展历程看，在房地产市场进入供求平衡阶段后，出现房地产系统性风险的概率在变大。"十三五"期间可能引发房地产系统性风险的因素主要在两方面。

一是未能认清房地产投资增速回落的客观性和规律性，人为刺激房地产投资增速继续保持在较高水平，造成供应量继续大量增加，户均住房套数在短期内超过 1.1 套，形成较为明显的全局性的房地产供给过剩问题。由于目前我国正处在由高速增长向中高速增长的转换期，经济增速回落，而房地产投资增速回落又是经济增速回落的主要原因之一。如果将稳房地产投资作为防止经济增速过快下滑的对策，出台鼓励房地产投资的对策，将极易引发房地产供给过剩的风险。

二是在经济增速回落阶段，为稳定经济增长，实行宽松的货币政策，特别是实行低利率政策，将可能引发全局性的房价泡沫风险。由于经济下行压力较大，需要政府采取相应的政策进行调控。但在调控政策选择方面，要充分认识到信贷政策调整、特别是利率政策调整对房地产市场的影响极大。如果对住房贷款实行过低的利率政策，将可能引发全局性的房价泡沫风险。因此，在经济增速回落阶段，在运用货币政策工具时，需要重视研究出台能够对冲利率政策调整对房地产市场影响的政策。

4. 新型城镇化和城乡一体化发展客观要求加快统筹城乡住房制度

由于历史形成的城乡二元分割格局，我国城镇与农村的住房市场制度和住房保障制度也呈现一种分割状态。城乡住房资源不能统一有效配置，使农村土地和住房资源的价格无法充分体现，加大城乡住房建设质量差距，甚至为小产权住房这样的"擦边球"提供了生存空间，而且城乡居民也面临着不公平的住房保障待遇。因此，随着新型城镇化建设和城乡发展一体化的不断推进，迫切需要统筹设计城乡住房制度。

三、适时调整房地产发展目标，为市场的平稳运行和健康发展奠定基础

1998 年城镇住房制度全面改革以来，我国房地产（政策）的目标主要集中在三个方面：一是加快住房建设，持续改善居民居住条件；二是发挥房地产业在经济增长中的带动作用，在 1998 年和 2003 年的相关文件中明确提出将房地产业作为新的增长点和支柱产业，2008 年则提出要发挥房地产业在扩大内需中的作用；三是实现市场平稳运行，这突出表现在 2003 年以来的历次调控中，重点是针对部分城市房价过快上涨以及房地产投资过热问题。总体来看，由于在城镇住房制度改革初期，我国面临较为严重的住房短缺问题，加之 1998~2013 年城镇人口持续快速增长，这两个因素共同支撑了 1998~2013 年我国房地产业的持续较快发展，在这一过程中，城镇居民居住条件明显改善，房地产业客观上也对经济增长形成较强的拉动作用，房地产的发展目标总体得到较好完成。

随着我国城镇居民住房条件的显著改善，房地产市场由供不应求向供求基本平衡的转变。发展阶段的变化意味着房地产主要指标的增速将会回落，房地产新开工面积等个别指标还会出现下降，房地产业在经济增长中的带动作用也会有所减弱。房地产市场发展阶段的变化客观要求我国需适时调整房地产发展目标。

从各国经验看，在房地产市场发展的不同阶段，发展目标和定位会存在一定差异。其中一个规律是，随着经济发展水平和人均收入不断提高，基本住房需求得到满足后，对绿色、高效、宜居的高品质住房需求快速上升。还要看到，在房地产市场出现供求平衡后，也恰恰是容易出现房地产风险的阶段，因此要特别重视防范风险。根据我国房地产市场发展阶段的变化，"十三五"时期建议坚持合理有序推进房屋建设，提升房地产业发展水平和质量，不断改善居民居住条件，提高居住品质，通过改革和政策调整，实现我国房地产市场的平稳运行。

四、建立有利于房地产市场持续健康发展的长效机制

1. 进一步完善住房供应体系

坚持以普通商品房为主的住房供应体系，坚持多数家庭购买或承租普通商品住房的政策。1994 年，深化城镇住房制度改革以来，住房商品化、社会化、市场化的改革方向，在加快住房建设、持续改善居民居住条件等方面发挥了重

要作用，实现了改革的预期目标。目前，我国住房市场已形成以商品房为主的供应体系，构建了较为系统的商品房建设、管理、融资、分配等方面的制度政策体系。从国际经验看，以商品房为主的供应体系是市场经济经济体的普遍做法，在改善居住条件、提高居民住房满意度等方面的优势十分明显。建议未来我国的住房供应体系仍然要坚持以普通商品房为主，坚持多数家庭购买或租赁普通商品住房。

各地要根据存量住房状况和人口总量、结构变化趋势，合理确定年度新增住房供应规模。由于住房市场供求关系已发生重大变化，未来不应过多强调加快住房建设这一目标，而应重视根据人口总量和结构变化趋势及住房市场供求状况，合理确定新增住房规模，实现住房市场供求总体平衡和平稳发展。

更好地发挥政府作用，形成符合各地实际、多种方式保障并存的住房保障体系。住房保障是政府的重要职责所在，需要更好发挥政府作用，健全住房保障体系。综合考虑住房保障对象的需求特点、保障成本和政府保障能力，在目前廉租房、经济适用房、两限房和公租房以及租金补贴、公积金信贷支持等多种保障方式的基础上，进一步调整和优化住房保障供应体系，逐步提高货币补贴在住房保障方式中的比例，在"十二五"集中、大规模建设保障性安居工程的基础上，将住房保障方式逐步从实物建房为主转向以货币补贴为主，多种保障方式相互补充，逐步推动住房保障方式转型。

2. 进一步完善住房金融政策和住房金融体系

实行中性的住房金融政策，鼓励自住，抑制投机，防范风险。住房金融政策的变化是住房市场短期波动的首要原因，利率等信贷政策的调整会影响到购房人的支付能力，进而造成市场需求的波动和价格的明显变化。要实现市场稳定运行，必须保持住房金融政策基本稳定，建议实行中性的住房金融政策。可实行住房首付和贷款利率反向调整，如在贷款利率下调时，适当上调首付比例，防止因利率政策调整造成购房人支付能力发生重大变化，造成市场需求和房价的大幅波动。由于居民购买住房大多需要住房金融的支持，在住房金融政策方面要统筹考虑鼓励自住、抑制投机和防范风险三方面的目标。为此，金融政策既要适应居民通过多次换购住房不断改善居住条件的需求，也要防止滥用住房金融支持进行投机性购房，防范金融风险。在住房金融政策方面，要坚守首付不低于30%房款的底线；

对首次置业的贷款利率不低于基准利率的 0.85 倍；对二次以上购房的贷款利率由商业银行根据风险情况自主定价，但不能低于基准利率的 0.85 倍；对在银行有未还清贷款的则不给予新的住房贷款，以抑制投机。

积极发展以支持居民购买自有住房为目标的政策性住房金融机构，稳妥发展以支持保障性住房建设为目标的政策性住房金融机构。可从两个方面推进以支持居民购买自有住房为目标的政策性住房金融机构在中国的发展：一是将住房公积金制度调整为住房储蓄银行模式的政策性住房金融机构，在制度设计上向首套置业和中低收入缴存职工适当倾斜；二是在总结中德住房储蓄银行试点经验的基础上，在全国推广中德住房储蓄银行模式，政府加大税收和补贴的支持力度。经过 2008 年以来保障房的大规模建设，我国实物型保障房的比重已接近 20%，未来保障性住房的建设将逐步从前期的集中大规模建设转为长期、小规模的建设。基于此，建议稳妥发展以支持保障性住房建设为目标的政策性住房金融机构。

3. 进一步完善住房规划制度

国际经验表明，全面、科学、细致的规划体系是提升住房质量和环境的基础和保障。建议我国要进一步完善住房规划制度，并实现住房规划与城市规划、国土规划等有序衔接，实现城乡规划一体化。一是国家要通过住房建设规划编制工作，摸清底数，掌握动态，为房地产调控和保障性安居工程建设有序推进提供科学支撑，既要防止因供给不足造成的房价过快上涨，又要避免造成严重的供给过剩问题。二是要加强居住区规划。适时出台《居民和社区发展法》，从城市空间与景观、社会、生态、文化等多角度出发，对居住区的住宅、公共设施、公共绿地、室外环境、道路交通和市政公用设施等做出具体规划，不断提高居住区的居住质量。出台《旧城改造和城市更新》条例，对旧城和中心城区的住房实施保护性的更新改造。三是要使住房规划与城市规划、土地利用规划等有序衔接，实现城乡规划一体化和"三规合一"，不断提高规划质量，为城乡住房质量的全面改革和城乡住房市场的一体化奠定基础。四是提高规划的科学性和民众参与程度。完善规划编制、实施和修改等环节的决策机制。

4. 推进住房用地制度改革，形成城乡统一、规则一致的制度体系

现行住房用地制度存在权利和规划二元化、市场进入不平等、调控机制不完善和有效供给能力不足等缺陷，目标是建立两种所有制土地权利平等、市场统一、规划统筹的住房用地制度，促进土地利用方式转变和住房市场健康平稳发展。

一是构建平等进入、公平交易的城乡土地市场。在规划和用途管制下，农村经营性建设用地与国有土地平等进入城镇住房市场，形成权利平等、规则统一的公开交易平台，建立统一土地市场下的地价体系。在集体经营性建设用地入市的架构下，对已经形成的"小产权房"，按照不同情况补缴一定数量的土地出让收入，妥善解决这一历史遗留问题。二是完善住房用地调控机制。从各地房地产市场发展实际状况出发，在科学预测住房需求的前提下，合理确定住房用地供应量，把握供应节奏。三是构建城乡一体化的国土空间规划体系。强化土地利用总体规划实施刚性，依法落实用途管制。加强城乡用地权属管理，建立统一地籍管理体系。逐步取消城乡住房用地指标审批和年度计划管理，切实增强国土规划的权威性。四是推动新型城镇化下农村土地制度与户籍制度的联动改革，完善现有"增减挂钩"政策。加快试点在城镇落户农村转移人口的宅基地处置办法，提高农村住房用地集约化程度。五是严格执行 2012 年出台的《闲置用地处置办法》，提高有效供给能力。闲置一年以上未动工建设的，要缴纳闲置费，标准不低于出让金的 20%；土地闲置满 2 年，依法无偿收回；按其闲置年限收取累进增长的闲置费。

5. 进一步完善房地产税收体系

一是调整税收政策的目标，将税收政策回归到筹集财税收入等根本目标，不在将其作为房地产调控的主要政策工具。经济学理论已经证明，在其他条件不变的情况下，交易环节征税的结果是价格上升和交易量下降。从典型经济体房地产税收政策的效果看，房产税既未起到稳定市场运行的作用，也无法防范房地产泡沫的产生和破灭。例如，美国早在 1792 年就开始征收房产税，日本、中国香港的房地产税收体系也相对健全，但这些经济体都经历过房地产泡沫和泡沫的破灭。因此，完善房地产税收政策的出发点应放在完善税制、筹集财政收入等方面，而不宜将其作为房地产调控的主要政策选择。

二是大幅降低房地产交易环节税费，鼓励梯度消费。2005 年以来我国开始将调整住房交易环节征收的营业税等作为房地产调控的重要工具。经济学理论和我国房地产调控的实践都表明，提高交易环节税费的结果是降低交易量，极大抑制了居民换购住房的需求，既不利于居民树立梯度消费的理念，也不利于增加二手房的市场供应，无法充分发挥存量房对房地产市场的调节作用。建议大幅降低房地产交易环节的税费，可将营业税的收取年限从 5 年减为 2 年或取消二手房交易环节的营业税，适当降低契税税率。随着我国住房总量规模的不断扩大，完善有利于居民持续换购住房的税收等方面的政策，不仅有利于不断提高居民居住水平，而且居民换购住房会对房产中介、建材、家具、家电、装修等相关行业形成较大的带动作用，这也会在一定程度上对冲房地产投资增速正常回落的影响。

三是从完善税制的目标出发，及时总结和稳妥推进个人住房的房产税试点。

6. 进一步完善市场监管体系

一是逐步取消商品房预售制。预售制的初衷是为解决房地产企业发展初期的自有资金不足、融资渠道不畅、筹措资金困难等问题。《城市房地产管理法》（2007年修正）对商品房预售制做出了明确规定，"商品房预售所得款项，必须用于有关的工程建设"。但 2003 年以来，随着房地产市场规模的扩大和房价总体水平的不断上涨，房地产企业的利润和自有资金都大幅增加，房地产信贷和信托规模迅速扩大，最初实施预售制的背景和条件已经发生了很大变化。在新的发展阶段，商品房预售制的弊端正逐步体现出来。一方面，预售制已成为房地产市场不规范发展的主要根源之一。购房者和开发商存在严重的信息不对称，不仅导致房屋面积缩水、建设设计变更、房屋质量缺陷等问题得不到有效解决，而且难以有效预防和监督开发商延期交房、抵押房再预售、预售房再抵押甚至"携款潜逃"等行为。另一方面，商品房预售制不利于房地产行业的自我转型和升级。预售制为开发商短期内形成大量供给能力提供了制度条件，在一定程度上助长了房地产开发的短期性和盲目性。由于目前我国住宅建设已达到峰值，房地产投资增幅将趋势性回落，住房供给已到了从数量扩张到质量提升的转折期，取消预售制也将有利于中长期市场的平稳运行。考虑到预售制已存在多年，短期内取消会对房地产市场造成过大冲击。建议实行"分步走"策略。一是在现有条件下，强化预售制条件，严格规定开发商的预售房和现房比例。通过逐步减少预售房的比例、增加现房销售比例，使开发商和购房者都有逐步适应的过程。二是明确取消预售制的时间，向市场传递明确的预期。建议可明确在 2018 年取消预售制。

二是进一步完善对房屋中介市场的监管。随着房屋总量不足的矛盾基本得到解决，未来房屋新开工面积将会下降，存量房交易量将不断增加，存量房交易将逐渐成为住房市场交易的主体，需要通过进一步完善相关监管措施，规范房屋中介市场秩序。首先，修订和完善《城市房地产管理法》，从立法上明确房地产经纪的管理主体的职责范围、房地产经纪机构与经纪人员的责权利、及相关的责任追究机制。其次，加快研究制定《城市房地产经纪（或中介）服务管理条例》等相关配套行政法规。第三，引导地方出台配套的地方法规或配套实施细则，促进法律法规的有效实施。最后，加强行业组织建设，发挥行业组织在行业自律方面的积极作用。

　　三是进一步完善对房屋综合质量方面的监管要求。建议根据我国房地产市场发展阶段的变化，更加重视对房屋综合质量的监管，在房屋的品质、宜居性、节能环保等方面提高监管要求，并以此促进房地产业从传统的数量扩张向品质提升转变。

参 考 文 献

包宗华. 2009. 关于住房租售比的探讨. 上海房地，4

范志勇. 2008. 中国房地产政策回顾与探析. 学术交流，8

韩立红，陈艳. 2008. 基于周期理论的我国房地产业发展状态多视角思考. 建筑经济，9

黄颖佳. 2008. 货币升值与房地产泡沫：日本的教训及启示. 福建金融，7

奎戈里 J M. 2009. 房地产市场、泡沫与亚洲金融危机研究. 管理观察，1

李剑阁. 2007. 中国房改现状与前景. 北京：中国发展出版社

李学林，张俊. 2008. 我国房地产价格上涨与流动性过剩关系的实证研究. 中国物价，8

李艳玲. 2004. 美国城市更新运动与内城改造. 上海：上海大学出版社

廖天飞. 2008. 从房价收入比和住房租售比看房价的合理性. 福建建筑，9

凌涛. 2008. 正确认识房地产市场波动促进房地产市场稳健发展. 中国金融，18

刘仁和. 2008. 房地产价格与基本面关系的研究综述. 经济纵横，8

刘毅. 2008. 我国房地产调控政策的路径依赖分析. 中共郑州市委党校学报，3

马辉，陈守东，才元. 2008. 中国房地产周期实证研究. 长白学刊，4

彭晓莲. 2009. 国内外房地产经济周期研究综述. 当代经济，5

孙雅静，张庆君. 2008. 我国房地产周期波动与经济周期的实证分析（1979—2008）. 吉林工商
学院学报，7

谭刚. 2000. 关于房地产周期波动的比较研究. 新观察，9

谭刚. 2002. 房地产周期冲击——传导模型及其主要因素分析. 建筑经济，7

望晓东. 2008. 房地产宏观调控政策绩效评价及相关思考. 经济体制改革，4

吴璟. 中国城市住房价格短期波动规律研究. 北京：清华大学博士学位论文

吴梓境，厉召龙. 2008. 从供给变量因素角度分析房地产价格泡沫. 学理论，14

肖元真，郑生华，王宇祺. 2008. 新时期世界各国各地区房地产市场的发展现状与前景展望. 中
国住宅设施，9

谢家琪. 2008. 世界各地房地产业危机与机遇并存. 上海房地，9

徐滇庆. 2008. 房价与泡沫经济. 北京：机械工业出版社

杨洪旭. 2008. 镜鉴日本教训防治房地产泡沫. 房地产市场，11

杨慎. 2002. 房地产与国民经济. 北京：中国建筑工业出版社

余新民. 2008. 房地产价格差异与地区居民收入差距关系的研究. 求索，5

曾小安. 2009. 房地产泡沫监测指标体系探讨. 上海房地，1

Arun Kumar. 1989. National housing policy：the implications. Economic and Political Weekly，24（23）

Blanc M. 2004. The changing role of the state in France housing policies：a roll-out without roll-back?
European Journal of Housing Policy，4（3）

Bruecker J K，Calem P S，Nakamura L I. 2012. Subprime mortgages and the housing bubble. Journal
of Urban Economics，71

Dalton T. 2009. Housing policy retrenchment：Australia and Canada compared. Urban Studies，46（1）

Dorn V. 1997. Changes in the social rented sector in Germany. Housing Studies, 12（4）

Eickmimer S, Hofmann B, Policy M. 2013. Housing booms, and financial （im）balances. Macroeconomic Dynamics, 17

Mayo S K. 1994. Housing policy: changing the structure. Finance &Development, 31（1）

McDonald J F, Stokes H H. 2013. Monetary policy and the housing bubble. Journal of Real Estate Econ, 46

Poon J, Garratt D. 2012. Evaluating UK housing policies to tackle housing affordability. International Journal of Housing Market and Analysis, 5（3）

Rowe P G. 1999. A tale of two spaces: defining moment for China's urban regions. Harvard Asia Pacific Review, 3（2）

Sedgwick S T. Policy forum: housing affordability: what are the policy issues? The Australian Economic Review, 41（2）

Stafford D C. 1979. Housing policy: efficiency and equity. Social Policy & Administration, 13（1）

Suzuki P T. 1982. Urban planning and housing policies in the netherlands, Habitat Intl, 6（3）

Wallison P J, Government housing policy and financial crisis. Cato Journal, 30（2）

Yamada Y. 1999. Affordability crises in housing in Britain and Japan. Housing Studies, 14（1）